기후위기 탈출로 가는 작지만 놀라운 실천들

박경화 지음

지구를 살리는 기발한 생각 10

한겨레출판

목차

생각 키우기

10

탄소중립 사회

최대한 줄이고
다시 흡수하는 사회

엉뚱하고 황당해 보이는
생각도 괜찮아요,
그 기발한 아이디어가
지구를 구하니까요!

모든 것은 사람들의 생각에서 비롯되었어요. 우리 생활을 한결 편리하게 만든 새로운 기술도, 지구촌 사람들을 깜짝 놀라게 한 정책도 누군가가 무심코 던진 작은 생각이나 반짝이는 아이디어에서 시작되었어요. 처음엔 이게 정말 현실이 될까, 과연 가능할까라고 고개를 갸웃거렸거나 걱정과 두려움이 앞섰을 거예요.

하지만 그 아이디어를 실현하기 위해 용기를 내어 열심히 뛰고, 사람들을 설득하면서 하나씩 하나씩 만들어갔을 거예요. 그러자 그 말에 동의하는 사람들이 하나둘 생겨나고 행동하는 사람들이 늘어나면서 그 작은 아이디어는 비로소 날개를 달고 높이 날아올랐겠지요.

기후위기, 에너지 고갈, 넘쳐나는 쓰레기 등 지금 우리 앞에 닥친 환경문제는 너무나 무겁고 막막해요. 이러한 문제 뒤 이어지는 갈등과 불평등 문제도 복잡하지요. 어떻게 해결해야 할지 몰라 마치 안개 속을 걷는 것 같아요. 하지만 무기력하게 걱정만 할 수는 없어요. 많은 사람들의 반짝이는 아이디어와 우리 모두의 힘과 지혜를 모아서 지구촌 곳곳에서 행동한다면 해결하지 못할 일은 없어요.

그 과정에서 실패해도 괜찮아요. 당장 좋은 결과를 얻지 못해도 괜찮아요. 열심히 노력한 그 과정 자체가 아름다우니까요. 이 문제를 여러 사람들이 알게 된 사실만으로도 이미 중요한 역할을 한 것이니까요. 나의 실패를 딛고 누군가가 더 좋은 방법을 찾아낼 수도 있으니까요. 환경문제를 해결하고 세상을 더 나은 방향으로 바꾸려는 사람들이 늘어날수록 지구는 한결 더 살기 좋아질 테니까요.

2019년 《지구를 살리는 기발한 물건10》을 출간하고, 이어서 2023년 《지구를 살리는 기발한 생각10》을 세상에 내놓습니다. 현재 지구촌 공동의 과제로 떠오른 중요한 환경문제를 알아보고, 이 문제를 해결하고 세상을 더 나은 방향으로 만들기 위해 노력하는 사람들, 그들의 기발한 생각을 모았어요. 그리고 지금 우리가 무엇을 해야 할지를 함께 생각해 보았으면 하는 마음에서 이 책을 쓰게 되었습니다.

환경문제라고 하면 사람들은 마음이 무거워지거나 외면하고 싶다고 생각하지만, 이 책을 읽고 나도 뭔가 할 수 있다는 희망을 가졌으면 좋겠어요. 환경문제는 우리가 행복하게 살기 위해 꼭 알아야 할 문제이고, 슬기롭게 해결해야 할 주제니까요.

엉뚱하고 황당해 보이는 생각도 괜찮아요. 실현 불가능해 보이는 아이디어도 괜찮아요. 환경문제를 해결하기 위한 수많은 생각들이 모이고, 여기서 힌트를 얻어 지구를 살리는 더욱 기발한 방법들이 쏟아졌으면 좋겠어요. 그리하여 환경문제를 걱정할 필요가 없는 세상이 왔으면 좋겠어요.

'예전에는 기후위기를 걱정했지만 이제는 해결됐어', '탄소중립 사회를 공부한 적도 있지만 이제는 그런 문제를 고민할 필요는 없어'라고 옛이야기를 두런두런 나눌 수 있는 때가 어서 왔으면 좋겠어요. 이 책이 그런 세상을 보다 빨리 앞당길 수 있는 작은 역할이라도 할 수 있다면 더할 나위 없이 좋겠어요.

2023년 6월 박경화

1

단순하고 소박한 삶

미니멀 라이프

당신의 방을 둘러보세요

　현관문을 열고 집으로 돌아왔어요. 행여나 외출한 사이 별일이 생기진 않았을까, 집 안을 찬찬히 둘러봐요. 가장 먼저 눈에 띄는 것은 식탁이에요. 온갖 물건들이 쌓여 식탁의 기능을 잃어버린 채 잡동사니 수납 공간이 된 이곳은 언젠가 날을 잡고 정리해야지 하는 다짐의 공간이 되었어요. 주방에는 서둘러 외출하느라 설거지를 하지 못한 그릇들이 쌓여 있고, 정리하지 못한 냄비와 프라이팬도 여기저기 놓여 있네요.

　벗어놓은 옷들은 서랍장과 행거에 수북이 쌓여 있어요. 이크! 바닥에 떨어진 옷도 있네요. 옷장에 정리해서 넣을 것과 세탁할 것, 기증할 것을 분류해야 하는데, 이런 정리는 큰맘 먹고 시작해야 하는 일이라 좀처럼 엄두가 나질 않네요. 언젠가 대청소의 날이 돌아올 때까지 또 미루고 봐

야겠어요. 지금은 시간이 없으니까요.

사방의 벽에는 저마다 뭔가가 걸려 있거나 붙어 있어서 깨끗하게 비어 있는 공간이 없네요. 어느새 이렇게 많이 쌓였을까 한숨이 절로 나올 정도로 물건들로 가득 찬 집, 우리 집은 사람이 사는 집이 아니라 물건이 사는 집이네요. 이 집의 주인은 과연 누굴까요?

우리는 여러 가지 물건들의 도움을 받으며 살고 있어요. 옷을 갈아입고 신발을 신고, 칫솔질을 하고 머리를 빗고, 식사를 하고 전화 통화를 하는 등 날마다 반복하는 이런 일에도 다양한 물건이 필요해요. 이 물건들을 사기 위해 사람들은 열심히 일을 해요. 물건들의 도움을 받아야 생활이 편리해지고 일도 빨리 처리할 수 있으니까요.

물건을 살 때는 신중하게 고르고 골라서 결정해요. 이때 사은품이나 기념품을 공짜로 얻기도 하고, 생일이나 기념일에 선물을 받기도 해요. 전통시장이나 대형마트에 들렀다가 할인 행사를 하는 물건을 보면 계획에 없던 충동구매를 하기도 하죠. 인터넷이나 홈쇼핑을 무심코 둘러보다가 언젠가 쓸 것 같아서, 한꺼번에 많이 사면 훨씬 저렴하다는 말에 귀가 솔깃해져서 대량 구매를 하기도 해요. 외출할 때면 어김없이 새로운 물건을 양손 가득 들고 돌아오고, 현관문 앞에는 이미 도착한 택배 상자가 놓여 있기도 해요. 새로 산 이 물건들은 또 어디에 수납하고 보관해야 할까요? 얼마나 많은 물건을 소유해야 '이제 그만!'을 외치며 쇼핑을 중단하게 될까요?

물건을 만들기 위해 공장에선 기계를 열심히 작동시키고, 원료 생산지에서는 물건의 재료를 캐거나 수확하기 위해 땀 흘리고 있어요. 거리에는 물건을 판매하는 상점들이 즐비하고, 버스와 지하철같이 많은 사람들이 오가며 눈길이 닿는 곳에는 광고 홍보물이 넘쳐나고 있어요. 휴대폰에는 광고 메시지가 속속 날아오고, 인터넷 영상을 보려면 몇 초 동안 광고부터 감상해야 해요. 텔레비전 채널을 돌리다 보면 홈쇼핑 채널에서 요란한 목소리로 어서 사라고, 곧 매진된다고 다그치듯 쇼핑을 부추겨요.

우리는 얼마나 더 이런 일을 반복하면서 살아야 할까요? 이렇게 물질이 넘쳐나는 사회 분위기에 조용히 반기를 든 사람들이 등장했어요. 미니멀리즘을 주장하고 실천하는 사람들이에요. 이들은 집 안에 물건을 켜켜이 쌓아두는 것보다 꼭 필요한 것만 남기고 말끔하게 비워야 더 행복한 삶을 살 수 있다고 말해요. 지금부터 이들의 이야기에 귀 기울여 볼까요?

집인가, 호텔인가

미니멀리즘Minimalism은 '미니멀minimal(최소의)'이라는 단어에 '이즘 ism(주의)'이라는 접미사를 붙인 말로, 꾸밈과 표현을 최대한 제거하여 단순함을 추구하는 예술 사조의 하나예요. 1960년대 미국을 중심으로 발달한 미니멀리즘은 미술을 비롯한 시각예술 분야에서 최소한의 요소를 사용하여 본질만을 남긴다는 뜻을 가졌어요. 이처럼 예술 분야에서 시작된 미니멀리즘이 최근 들어 패션과 살림살이, 인테리어 등 생활 곳곳으로 폭넓게 확장되었어요.

불필요한 물건을 대폭 줄이고 생활에 꼭 필요한 물건을 최소한으로 소유하면서, 단순하고 소박한 삶을 즐기는 것을 미니멀 라이프Minimal Life 라고 하고, 이것을 실천하는 사람을 미니멀리스트Minimalist라고 불러요.

미니멀 라이프는 물건을 소유하면서 느끼는 풍요로움보다는 배움이나 경험, 여행 등 자신이 생각하는 중요한 가치에 집중하면서 단순하고 의미 있는 삶을 추구하는 새로운 생활 방식이에요.

　미니멀 라이프를 즐기는 사람들의 집은 깔끔해요. 아니, 깔끔하다 못해 휑해요. 가족과 함께 사는 가정집이라기보다는 막 손님맞이 청소를 마친 정갈한 호텔이나 펜션 같기도 해요. 생활에 꼭 필요한 최소한의 물건들만 제자리에 정돈되어 있을 뿐이에요. 집 안에서 큰 부피를 차지하는 가구나 가전제품의 수도 최소한으로 줄이고 필요한 물건들은 딱 하나씩만 보관해요. 옷장에는 요일별로 입을 옷만 걸어두고, 주방 식기도 딱 가족 수만큼만 사용해요. 책장의 책도 몇 가지만 남겨두고 기증하거나 오래된 책은 폐지로 배출해요. 그래서 옷장이나 서랍, 싱크대, 책장에는 빈 공간이 많아요. 마치 부모의 품에서 독립하여 이제 막 자취방을 얻고 새로운 살림을 시작한 사람처럼 말이에요.

　미니멀 라이프를 소개한 책《나는 단순하게 살기로 했다》를 쓴 일본인 사사키 후미오 씨는 최소한의 물건만 가지고 생활하는 미니멀리스트로 유명해요. 사사키 씨는 세수를 한 후 얼굴을 닦고 손을 닦는 얇은 수건을 단 하나만 가지고 있고, 잠잘 때 덮는 이불과 바닥에 까는 요도 하나씩, 그릇과 수저도 하나씩만 가지고 있어요. 사사키 씨가 사는 작은 집에서 소유하고 있는 모든 물건을 한자리에 모으는 데 걸린 시간은 겨우 8분이었어요. 만약 우리 집에 있는 모든 물건을 한자리에 모은다면 시간

↳ 미니멀 라이프를 즐기는 사람의 집은 깔끔하다 ⓒ픽사베이

이 얼마나 필요할까요?

　미니멀 라이프는 2010년 무렵 영미권에서 처음 유행했는데,《두 남자의 미니멀 라이프》를 쓴 미국인 조슈아 필즈 밀번과 라이언 니커디머스 씨가 자신들의 생활을 웹사이트에 소개하면서 널리 알려지게 되었어요. 밀번과 니커디머스 씨는 연봉이 높은 회사에서 일주일에 70~80시간을 일하면서 많은 스트레스를 받았다고 해요. 이들은 물건 사들이는 것을 반복하면서 공허감을 채웠지만 점점 행복하지 않다고 느꼈어요. 그래서 물건에 대한 소유욕을 싹 비우고 자신들이 세운 미니멀리즘 원칙에 따라 살면서 이를 인터넷과 책에 하나씩 소개했고 많은 사람들이 뜨거운 관심을 보였어요.

　이 무렵 일본에서도 '단샤리斷捨離'가 유행했어요. 단샤리는 일본의 정리 컨설턴트인 야마시타 히데코 씨가 처음 고안한 개념으로, '끊고 버리고 벗어나자'라는 뜻이에요. 불필요한 물건을 사지 않기, 사용하지 않는 물건은 버리기, 물건에 대한 집착에서 벗어나기 등을 말해요. 2011년 동일본 대지진을 겪은 후 일본에서는 단샤리 열풍이 더욱 확산되었다고 해요. 지진이 일어나 건물이 심하게 흔들리는 위급한 상황에서는 집 안에 쌓아둔 많은 물건들이 사람을 다치게 하는 흉기가 될 수 있다는 걸 경험해서죠. 또 집과 살림살이를 한꺼번에 허망하게 잃어버리면서 집 안에 물건을 켜켜이 쌓아두는 것에 회의감이 들었다고 해요.

물건 다이어트와 무소유

　　미니멀 라이프로 살면 집 안에 있는 살림살이의 수가 적어서 정리하고 청소하는 시간이 대폭 줄어들고, 덕분에 생활이 간소해지면서 여유 시간을 얻을 수 있어요. 물건을 사기 위해 돌아다니거나 쇼핑하는 시간도 줄어들고, 적게 소비하기 때문에 버리는 쓰레기양도 줄어서 환경에도 좋은 영향을 미쳐요. 생활이 단순해지면 자신이 하고 싶은 일에 에너지를 집중하면서 삶의 만족도도 높일 수 있어요.

　　무엇보다도 미니멀 라이프는 불안으로부터 자유를 얻게 해준다고 해요. 《두 남자의 미니멀 라이프》 책을 쓴 조슈아 씨는 '미니멀리즘은 두려움으로부터 자유, 걱정으로부터 자유, 압박감으로부터 자유, 속박으로부터 자유'를 찾게 해주었다고 해요. 집 안에 물건을 갖추고 있지 않으면 불편하거나 불안할 것 같지만 도시에서는 가까운 편의점이나 가게에서 필요한 물건을 언제든 구할 수 있고, SNS를 활용하여 누군가에게 물건을 빌리거나 나눌 수도 있어요. 또 집수리에 필요한 공구를 대여하거나 공유 자전거, 카 셰어링 등 공유경제를 활용하는 방법도 있어요.

1년에 한 번, 또는 몇 년에 한 번 사용할까 말까 한 물건을 집 안에 쌓아두는 것은 도리어 비합리적이에요. 물건들이 공간을 많이 차지하면서 집 안이 비좁아지고 정리와 수납, 청소를 하느라 힘만 드니까요. 가득 찬 물건을 바라보면서 답답해하거나 청소에 대한 스트레스를 받기도 해요. 가족들 간에 의견 차이로 불만이나 다툼이 생길 수도 있죠. 이처럼 불필요한 살림살이를 싹 비우는 물건 다이어트를 통해 집 안에 여백을 만든다면 더 좋은 기운이 머물 수 있을 거예요.

미니멀 라이프를 즐기는 사람들은 물건을 잔뜩 쌓아두고 차마 버리지 못하는 사람들에게 이렇게 권해요. 하루에 한 가지씩 버려라, 설레지 않으면 버려라, 수납하려고 하지 마라, 추억이 깃든 물건은 사진으로 남겨라, 1년 동안 한 번도 사용하지 않은 물건부터 비워라, 역할이 끝난 물건과 방치된 물건부터 비워라….

물건뿐 아니라 메일과 문자 메시지, 디지털 사진 등 디지털 잡동사니도 정리가 필요해요. 습관처럼 찍어둔 인증 사진, 홍보용 메일, 원치 않은 광고 메시지, 쓰지 않는 애플리케이션, 어디선가 다운받은 영상 자료 등 다시 볼 일은 없지만 용량만 차지하고 있는 디지털 잡동사니도 깔끔하게 정리하는 것이 좋아요.

우리 역사에도 미니멀리즘과 닮은 풍습이 있었어요. 조선시대 선비들은 청렴한 삶을 미덕으로 여겼어요. 관직에 나가더라도 토지와 재물을 많이 모으고 노비와 가축을 많이 거느리는 것보다는 청백하고 근검하게 사는 것이 더 올바른 삶이라고 생각했어요. 사대부와 지식인들은 친구와 자식에게도 청백한 관리가 되어야 한다고 당부했어요.

재물에 욕심이 없고 올곧고 깨끗한 관리를 의미하는 '청백리淸白吏'도 있었어요. 청백리는 조선시대의 모범 관료에게 수여하는 명칭으로, 자신이 맡고 있는 관직을 수행하는 능력이 뛰어나고 청렴淸廉, 근검勤儉, 경효敬孝, 인의仁義 같은 덕목을 두루 갖춘 사람을 말해요. 요즘에도 청백리는 깨끗한 공직자의 대명사로 여겨지고 있어요.

《무소유》라는 책을 쓴 유명한 수필가이자 승려인 법정스님은 오대산 암자에서 청빈한 삶을 살면서 무소유의 정신을 널리 알렸고, 독자들에게 인기 높은 책 20여 권을 썼지만 '사후에는 책을 출간하지 말라'는 유언을 남겨서 스님이 입적한 후에는 모든 책이 절판되었어요.

동화 작가로 유명한 권정생 선생도 경북 안동시 일직면 조탑리에 있는 빌뱅이 언덕 아래 작은 집에 살면서 무소유의 삶을 실천했어요. 다섯 평짜리 작은 집에는 방이 두 칸인데 선생이 생활하던 방은 세 사람이 겨우 앉을 정도로 작았고, 책이 있는 다른 방은 겨우 한 사람이 누울 정도로 좁았어요. 권정생 선생은 이 작은 방에서 《강아지똥》,《몽실언니》,

└ 권정생 동화나라 전시관에 선생의 방을 복원한 모습 ⓒ박경화

《한티재 하늘》 같은 아름다운 동화를 썼어요. 책들은 독자들에게 많은 사랑을 받았지만 선생은 책의 인세를 자신을 위해 쓰지 않고 굶주리는 북한 아이들과 중동, 아프리카, 티베트의 어린이들을 위해 써달라고 유언을 남겼어요. 자신이 쓴 책들은 주로 어린이들이 사서 읽으니 책 인세를 어린이에게 돌려주는 것이 마땅하다고 하면서요.

빈민과 병자, 고아들을 돌보며 한평생을 살았던 인도의 마더 테레사 수녀 역시 청빈한 삶을 살았어요. 테레사 수녀가 세상과 이별하고 남은 것은 낡은 사리와 카디건, 손가방, 닳아버린 샌들뿐이었다고 해요. 무소유를 주장하고 몸소 실천했던 인도의 마하트마 간디 선생의 방에는 아무것도 남아 있지 않았다고 해요.

아득하게 넓은 초원을 떠돌며 생활하는 몽골 유목민들도 단순하고 소박하게 살아요. 유목민들은 자신들의 집인 게르 안에서 음식을 만들 수 있는 간단한 조리 도구와 이불 같은 몇 가지 살림살이만 갖추고 살아요. 그러다가 게르의 지붕이 되는 흰 천막과 나무 뼈대를 차곡차곡 접어서 말이나 낙타 등에 얹은 후 유유히 이사를 떠나요. 챙겨야 하는 살림살이와 이삿짐도 정말 단출해요. 잃어버릴 게 많지 않은 간편한 삶, 생각만 해도 홀가분하지 않나요?

↳ 유목민들의 게르 ⓒ픽사베이

미니멀 라이프

'한 번만 사세요'와
'아무것도 사지 않는 날'

생활에 꼭 필요한 물건만 소유하더라도 이 물건들이 쉽게 고장 나거나 망가져서 번번이 새로 사야 하는 경우도 있어요. 그러자 한 번 사서 평생을 사용하자고 권하는 인터넷 쇼핑몰이 등장했어요. 2016년 영국 출신의 광고회사 카피라이터였던 타라 버튼 씨는 '한 번만 사세요Buy me once'라는 쇼핑몰을 만들었어요.

이 사이트는 옷과 신발, 주방용품, 침구, 장난감, 양말과 스타킹 등 다양한 제품을 소개하고 있어요. 주방용품이나 각종 도구들은 견고하게 잘 만들어져서 평생 사용할 수 있는 것을 엄선했고, 장난감과 우산 등은 고장이 나도 계속 수리해 사용할 수 있도록 보증기간이 평생인 제품도 있어요. 같은 종류의 상품이라도 다른 상품과 비교해서 내구성이 우수한가, 제조 과정이 윤리적이고 지속 가능한가, 쉽게 수리할 수 있는가, 제값을 하는 상품인가라는 기준으로 매우 까다롭게 선정했다고 해요.

새로운 물건을 살 때 우리는 가격과 디자인, 활용도 등 여러 가지를 고려할 뿐 아니라 친환경 기업이 만든 제품인지, 제품의 원료가 무엇인지, 생산과정에서 비윤리적인 일이 벌어지지는 않는지 등 여러 가지를 생각해서 신중하게 선택해요. 하지만 이렇게 환경문제에 대해 관심이 높더라도 바쁜 현대인들은 물건을 살 때마다 제품의 원료와 유통과정 등을 꼼꼼히 따질 여유와 정보가 없어요.

그래서 이 사이트에서는 오랫동안 사용할 수 있는 좋은 제품을 선정하고, 수리하거나 관리하는 법에 대해서도 알려주고 있어요. 한 번 사면 평생 사용할 뿐 아니라 부모가 자녀에게 물려주어 대를 이어서 사용할 수 있을 만큼 튼튼한 제품이에요. 사용한 지 얼마 되지 않아서 금방 망가져 버려지는 물건을 줄이는 것은 자원을 아끼고 쓰레기도 줄일 수 있는 방법으로 환경문제를 해결하는 데 매우 중요해요. 이렇게 타라 버튼 씨는 사람들이 소비에 대한 생각을 바꿨으면 좋겠다고 말해요.

한편, 하루쯤 소비를 멈추고 우리 삶을 겸허히 돌아보는 '아무것도 사지 않는 날Buy Nothing Day'도 있어요. 이날은 1992년 캐나다의 광고계에서 일하던 테드 데이브 씨가 처음으로 제안했어요. 자신이 공들여 만든 광고가 사람들의 소비를 부추기고 끝없이 소비하게 만드는 것을 돌아보며 이미 충분히 소유하고 있지만 만족할 줄 모르는 사람들에게 소비 욕구를 좀 내려놓자고 말했어요.

2002년 우리나라에서는 처음으로 환경단체인 녹색연합에서 '아무것도 사지 않는 날' 캠페인을 벌였어요. 미국에서는 매년 11월 넷째 주 금요일인 블랙 프라이데이Black Friday(미국 연중 최대 규모의 세일 행사)에 맞춰 캠페인을 벌여서 '아무것도 사지 않는 날'이 해마다 달라지지만, 우리나라에서는 11월 26일로 정해서 사람들이 조용히 자신의 소비 습관을 돌아볼 수 있게 했어요. '아무것도 사지 않는 날'이 있는 한 주 동안에는 충동구매 하지 않기, 광고에 속지 않기, 사은품에 현혹되지 않기, 홈쇼핑 중독에서 벗어나기, 쇼핑 습관 고치기, 물건을 재활용해서 쓰기, 환경을 생각하는 물건을 사기 등을 실천할 것을 권하고 있어요.

우리가 지금처럼 풍요를 누린 것은 그리 오래되지 않았어요. 또 지구의 자원은 한정되어 있어서 지구촌 사람들이 계속 이렇게 소비를 자제하지 않고 맘껏 써버린다면 언젠가 자원은 고갈되고 말 거예요. 더불어 폐기되는 물건의 양도 늘어나고 쓰레기도 대폭 늘어나겠죠. 그럼 우리 이후에 지구에서 살아야 할 미래 세대들은 어떻게 될까요? 미니멀 라이프를 비롯해 앞으로 책에서 소개할 '지구를 살리는 기발한 생각'들을 배우고 실천하며 산다면 우리 삶도 한결 가벼워질 거예요.

생각 키우기

쓰레기 다이어트에 도전해 볼까요?

《나는 쓰레기 없이 산다》라는 책을 쓴 비 존슨 씨는 미국 캘리포니아에 살면서 쓰레기 제로 라이프를 즐기고 있어요. 남편과 아들 둘이 함께 사는 4인 가구에서 1년 동안 만들어낸 쓰레기양은 놀랍게도 작은 유리병 하나에 불과했다고 해요. 과연 이게 가능할까요? 비 존슨 씨는 책과 인터뷰, 강의 등을 통해서 쓰레기를 줄이는 5가지 비법을 공개했어요. 거절하기-줄이기-재사용하기-재활용하기-썩히기, 이렇게 5단계를 따르면 매우 쉽게 쓰레기를 줄일 수 있다고 해요.

하나씩 다시 살펴볼까요? 첫 번째는 행사나 쇼핑, 이벤트 등에서 받는 각종 증정품이나 일회용 플라스틱, 광고 우편물 등 필요하지 않은 것은 '거절하기'예요. 두 번째는 생활에 필요하지만 거절할 수 없는 물건은 '줄이기'예요. 대용량 상태로 판매하는 샴푸와 린스를 유리병에 나눠서 담아오기, 좀 더 적은 양을 사기, 굳이 필요하지 않은 종이 인쇄 줄이기, 자동차 대신 자전거로 다니기 등으로 실천할 수 있어요.

세 번째는 '재사용하기'예요. 장바구니와 천 가방, 유리병, 손수건, 충전식 건전지 등을 재사용하고, 일회용품은 재사용품으로 바꾸고, 중고품을 즐겨 구매하면서 거절하거나 줄일 수 없는 것은 재사용해요.

네 번째는 거절하거나 줄이거나 재사용할 수 없는 것을 '재활용하기'예요. 동네에서 재활용 수집 가능한 것과 가능하지 않은 것을 알아보고, 지역에 있는 재활용 시설을 찾아가거나 플라스틱 재활용에 대한 지식을 알아두면 좋아요. 주방이나 사무실에 재활용품 수집함을 마련하여 모았다가 재활용품을 모으는 곳에 배출해요. 다섯 번째는 '썩히기'예요. 요리를 하면서 나오는 채소와 과일 껍질 등을 모아서 지렁이 퇴비함에 넣어 퇴비로 만들고, 허브와 집 안 화초들을 키워요.

이 같은 비 존슨 씨의 쓰레기 제로 라이프는 환경문제 해결에 도움이 되지만 소비를 줄이게 되니 돈도 절약할 수 있고, 유해한 합성 제품 사용을 줄여서 건강에도 도움이 돼요. 물건의 보관과 정리, 청소도 간단해져서 시간도 절약할 수 있다고 해요.

우리나라뿐만 아니라 세계 곳곳에서는 늘어나는 쓰레기 처리에 골머리를 앓고 있어요. 강과 바다에도 밀려드는 쓰레기로 인해 바다 생물들과 섬 지역 주민들, 어민들이 큰 피해를 입고 있어요. 비 존슨 씨처럼 기발한 방법으로 가정과 상점, 기업 등에서 다 함께 쓰레기 배출량을 대폭 줄인다면 지구촌의 쓰레기 문제도 해결할 수 있지 않을까요?

활동해 보아요

① 우리 집이나 교실에서 쓰레기를 줄일 수 있는 방법은 무엇이 있을까요? 비 존슨 씨의 쓰레기 줄이기 5단계처럼 우리 가족이 함께 실천할 수 있는 방법을 단계별로 구상하여 발표해 보세요.

_____

_____

_____

_____

② 거대한 쓰레기 매립지에 쌓이는 쓰레기양을 줄이기 위해 노력하는 지구촌 사람들의 기발한 방법을 조사하여 발표해 보세요.

_____

_____

_____

_____

2

쓰레기 고민 없는 세상

포장지 없는 가게

세상에서 가장 마음 편한 가게

쇼핑하러 갈 때 무엇을 챙기나요? 지갑과 장바구니는 챙겨야겠죠. 그런데 이 가게에 갈 때는 좀 더 준비가 필요해요. 그냥 빈손으로 가도 가게 주인이 구매한 물건을 알아서 챙겨줄 거라고요? 모르시는 말씀! 이 가게엔 비닐봉지나 종이봉투 같은 쇼핑백이 없을 뿐 아니라 각종 화장품과 세탁 세제, 주방 세제 등도 거대한 포장 용기에 담겨 있을 뿐 소포장이 되어 있지 않아요.

그럼 어떻게 사야 하느냐고요? 이 가게에 갈 때는 무엇을 살 것인지 미리 생각하고 준비해야 해요. 그리고 우리 집에서 즐겨 사용하던 빈 통이나 포장 용기를 꼼꼼하게 준비해 가야 해요. 좀 번거로울 것 같기도 한데, 왜 이렇게 하느냐고요? 자, 이제부터 이 가게 이야기를 들려줄게요.

서울시 마포구 망원동에 있는 알맹상점을 찾아갔어요. '껍데기는 가라, 알맹이만 오라!'를 외치는 이 가게에는 화장품과 세탁 세제, 고체 치약, 대나무 칫솔, 천연 수세미, 차와 커피 같은 식품, 액세서리, 청소용품까지 다양한 생활용품을 판매하고 있어요. 이 중 화장품과 샴푸, 주방세제, 청소용 세제, 식초, 올리브유 같은 액체류 제품은 대형 통에 벌크Bulk(대량생산한 제품에 포장 등 아무런 부가가치가 붙지 않은 생산된 그대로의 상태) 형태로 담겨 있어요.

대형 통 앞에서 당황하지 말고 이렇게 차근차근 따라 해보세요. 먼저 내가 사고 싶은 제품을 고른 뒤, 우리 집에서 챙겨간 포장 용기를 저울에 올려요. 포장 용기의 무게를 잰 뒤 저울의 영점 버튼을 눌러서 포장 용기의 무게를 마이너스(-)로 만들어요. 그리고 포장 용기에 내가 원하는 제품을 적당히 담은 뒤 저울에 다시 올려서 무게를 재요. 이 무게를 비치된 종이테이프에 적은 뒤 제품에 붙여서 계산대로 가져가 가격을 지불하면 끝! 간단하죠?

이렇게 하면 내가 원하는 만큼만 적당히 살 수 있고, 1그램당 단가도 적혀 있어서 원하는 가격만큼 적절히 담을 수도 있어요. 무엇보다도 내가 미리 준비해 간 포장 용기를 재사용할 수 있어서 좋고, 포장 용기를 뺀 가격이라 물건값도 싸요. 비닐이나 종이, 스티로폼 같은 이중, 삼중의 과대 포장 쓰레기도 남길 않으니 세상에서 가장 마음 편한 가게라고 할 수 있어요.

└ 포장지 없는 가게 '알맹상점' ⓒ박경화

└ 알맹상점 한편에 자리한 각종 리필 벌크통
　ⓒ박경화

└ 준비해 간 용기에 세탁세제를 담는 모습
　ⓒ박경화

포장지 없는 가게

물론 주의해야 할 점도 있어요. 화장품이나 식품을 담을 용기는 뜨거운 물이나 소독기 등에 넣어서 세균이나 바이러스를 깨끗하게 소독해야 해요. 위생도 매우 중요하니까요. 알맹상점에는 소독기가 있어서 손님이 원하면 용기를 소독해 주기도 해요. 포장 용기 챙기는 걸 깜빡 잊어버리면 발길을 되돌려야 할까요? 안심하세요. 손님들이 기증한 유리병이나 포장 용기 등 사용한 뒤에 다시 돌려줄 수 있는 용기도 비치되어 있어요.

이 가게의 이름은 무포장 가게예요. 영어로는 제로웨이스트 숍Zero-Waste Shop이라고 해요. 무포장 가게는 포장지를 사용하지 않고 오랫동안 사용할 수 있는 다회용품을 판매하고 있어요. 또 포장 쓰레기를 최소화하기로 서로 약속하고, 소비자가 가지고 온 용기를 환영하며 일회용품과 플라스틱 포장을 줄이려고 노력하는 가게예요. 대나무나 삼베, 면 같은 자연 원료로 만들어져서 사용 후에는 쉽게 분해되어 다시 자연 상태로 돌아가는 친환경 제품도 있어요. 제품 판매 외에도 친환경 제품을 함께 만드는 워크숍을 열거나 기업들에게 과대 포장을 줄이고 친환경 포장재를 사용하도록 요구하는 캠페인, 플라스틱 뚜껑을 모아서 재활용하는 캠페인을 여는 등 시민들과 다양한 활동도 하고 있어요.

2014년 독일 베를린의 식료품점인 오리기날 운페어팍트Original Unverpackt가 세계 최초로 '포장지 없는 가게'를 표방하며 등장하면서 많은 주목을 받았어요. 이곳은 곡물, 과일, 향신료, 커피 원두 같은 농산물뿐 아니라 음료와 비누, 샴푸, 세제 등 다양한 생활용품을 판매하고 있는데,

이 제품을 사려면 포장 용기를 챙겨 가야 해요. 이런 신선한 시도에 영향을 받아 영국의 슈퍼마켓 언패키지드Unpackaged, 미국의 더 필러리The Fillery, 한국의 더 피커The Picker와 알맹상점 등이 이어서 등장했어요.

우리나라의 무포장 가게는 점점 늘어나기 시작해 이제는 서울뿐 아니라 전국 곳곳에 자리 잡고 있어요. 처음부터 무포장 가게를 표방하면서 개업한 곳이 있고, 기존에 영업을 하던 카페나 빵집, 생활용품점 등에서 이러한 움직임에 동참하거나 가게 안에 무포장 코너를 꾸미는 경우까지 무척 다양해요. 이들은 쓰레기를 만들지 않는 문화를 널리 알릴 수 있도록 무포장 가게 네트워크를 형성하여 공동 캠페인을 여는 등 여러 가지 노력을 하고 있어요.

두레생협의 무포장 코너 ⓒ박경화

ㄴ 포장지 없는 가게 '더 피커' ©박경화

ㄴ 포장지 없는 가게 '도깨비곳간' ©박경화

쓰레기산의 발각

그렇다면 무포장 가게는 왜 등장했을까요? 2018년 의성 쓰레기산이 뉴스에서 처음 보도되었을 때 사람들은 깜짝 놀랐어요. 아직도 저런 곳이 있다니 말이에요. 경북 의성군 단밀면 생송리에 쌓여 있던 쓰레기산은 3층 건물 높이(15미터)와 비슷하고, 바닥 면적은 축구 경기장(7,500제곱미터)의 2배 크기나 되었어요. 폐기물의 양은 무려 20만 8,000톤이었어요.

이 쓰레기산은 2008년부터 폐기물 재활용업을 하던 한 업체가 경영이 힘들어지자 2016년부터 폐기물을 쌓아두고 그냥 방치해 버려서 생겨났어요. 이후 높은 산처럼 쌓여 있는 쓰레기 더미가 썩으면서 고약한 냄새와 함께 가스가 뿜어져 나오고 원인 모를 불이 나자, 이것을 끄기 위

ㄴ 의성 쓰레기산 ©연합뉴스

해 소방관들이 뿌린 물이 폐기물과 섞여 흐르면서 인근의 땅을 오염시키기도 했어요.

미국 CNN 등 외신에서도 의성 쓰레기산을 보도하면서 국제 사회에 매우 부끄러운 뉴스가 되었어요. 이 문제가 처음 알려진 후 5년이 지나서야 쓰레기산을 말끔하게 치울 수 있었는데, 처리 비용이 무려 282억 원이었다고 해요. 이렇게 몰래 버린 쓰레기가 쌓인 쓰레기산이 의성뿐 아니라 전국 여러 곳에 존재한다는 추가 보도가 이어지기도 했어요.

또 다른 충격적인 뉴스도 있었어요. 우리나라 쓰레기를 필리핀으로 몰래 수출하려다가 적발된 거예요. 2018년 7월과 10월 두 차례에 걸쳐 한 업체가 '재활용이 가능한 플라스틱 조각'으로 신고한 물품을 필리핀으로 수출했는데, 11월 필리핀 세관에서 컨테이너를 검사하다가 각종 유해 물질과 플라스틱이 뒤섞인 쓰레기라는 것을 발견했어요. 6,500만 톤이나 되는 한국발 불법 플라스틱 쓰레기는 일회용 플라스틱 용기와 포장재 같은 생활 쓰레기가 대부분이었어요.

이 사실이 알려지자 필리핀의 환경단체와 시민들은 한국 쓰레기를 반송하라는 시위를 벌였고, 한국이 이 문제를 적극 해결하라고 요구했어요. 그러자 한국 정부와 필리핀 정부가 쓰레기를 반환하기로 합의했고, 결국 우리나라로 모두 되가져와서 처리했어요. 내가 사용한 생활 쓰레기를 잘 분리배출하기만 하면 우리나라에서 잘 처리될 줄 알았는데, 다른 나라로 몰래 수출하려다가 적발되어 국제 사회에 망신까지 당하는 일이 벌어진 거죠. 선진국에 들어선 우리나라가 이런 일을 벌이다니 사람들은 매우 놀랍고 부끄러운 사건이라고 생각했어요.

안타깝게도 쓰레기 문제는 점점 심각해지고 있어요. 2020년 코로나 19가 전 세계로 일파만파 퍼져나가면서 건강과 위생에 대한 사람들의 인식이 높아졌기 때문이에요. 눈에 보이지 않는 바이러스의 전파를 막으려면 사람들과 접촉을 하지 않아야 하기 때문에 배달 음식과 택배 서비스 이용이 늘어났고, 일회용품 사용도 급증했어요. 다른 사람이 사용한 물건을 꺼리게 되니 일회용품이 상대적으로 깨끗하게 느껴지고, 식당과 카페 등 외출도 자제하는 문화가 생기다 보니 배달과 택배 서비스를 즐겨 이용하게 된 것이죠. 그런데 이런 비대면 문화가 발전하면서 쓰레기들이 어마어마하게 폭증하고 말았어요.

재활용품을 처리하는 재활용 선별장마다 스티로폼과 플라스틱, 종이 상자 같은 포장재가 산더미처럼 쌓였어요. 쓰레기를 배출하는 요일마다 골목길에는 쓰레기 더미가 생기고, 가족과 친지들이 선물을 주고받는 명절이 지나면 골목에는 쓰레기산이 만들어지기도 해요. 각 도시마다 시민들이 배출하는 쓰레기를 처리하는 매립지는 점점 포화 상태가 되고 있어요.

이런 문제를 해결하려면 가정뿐 아니라 가게와 회사, 기업, 공공기관, 산업계 등 우리 모두가 쓰레기 배출량을 줄여야 해요. 불필요하게 이중, 삼중으로 포장하는 과대 포장을 줄이고, 한 번 쓰고 가볍게 버리는 일회용품을 줄이면 쓰레기양을 대폭 줄일 수 있어요. 이런 이유로 가게를 운영하는 사장님들이 앞장서서 무포장 가게를 고민하게 된 거예요. 일회용품과 포장 쓰레기를 줄이면 손님들의 마음도 편하고, 결국 우리 모두가 행복해질 수 있으니까요.

쓰레기 없는 마을이 등장했다!

쓰레기의 양을 줄이려는 노력은 세계 곳곳으로 번져나가고 있고, 기발한 아이디어들이 속속 등장하고 있어요. 2018년 5월 영국 런던에는 '쓰레기 카페'라는 간판을 단 가게가 깜짝 등장했어요. 이곳에서는 음식과 음료를 주문할 때 놀랍게도 돈이 아닌 쓰레기를 내야 해요. 그중에서도 재활용 가능한 플라스틱만 받아요. 여러 종류의 플라스틱 중 어떤 플라스틱이 재활용 가능한지 손님들에게 알려주고, 쓰레기 문제에 대한 경각심을 높이기 위한 시도라고 해요. 카페의 메뉴는 채소의 뿌리와 줄기, 잎까지 전체를 맛있게 요리하여 손님들이 남기는 것 없이 모두 먹을 수 있도록 구성했고, 적당한 양을 차려줬어요.

쓰레기 카페는 해마다 많은 플라스틱 제품이 생산되고 그중 많은 양이 바다로 흘러가 생태계를 파괴하는 현실을 알리기 위해 문을 열었다고 해요. 이 가게는 깜짝 등장한 뒤 이틀 만에 사라졌지만 이들이 보여준 아이디어와 메시지는 매우 신선하죠?

이번엔 해외로 여행이나 출장을 떠날 때 항공기를 이용하는 상황을 생각해 봐요. 비행기에서 음료를 마시거나 기내식을 먹을 때면 어쩔 수 없이 일회용 컵이나 물품을 사용하곤 하지요. 이렇게 발생하는 쓰레기를 줄이기 위해 뉴질랜드의 항공사인 에어뉴질랜드는 일회용 플라스틱으로 만든 물병을 제공하지 않고 대신 먹을 수 있는 컵을 사용하고 있어요. 이 컵은 뉴질랜드의 혁신 기업인 '트와이스twiice'에서 개발한 것으로 밀가루, 설탕, 계란에 바닐라 향을 넣어서 만들었어요. 기내 승객들은 물이나 커피 등 내용물을 다 마신 뒤 컵을 후식으로 먹을 수 있지요. 쓰레기를 남기지 않으니 승객들은 매우 신기해하고 때로는 열광한다고 해요. 식용 컵은 뉴질랜드의 여러 커피숍에서도 즐겨 사용하고 있고, 앞으로 트와이스는 더욱 다양한 식용 그릇을 개발할 예정이라고 해요.

에어뉴질랜드는 모든 항공기와 라운지에서도 식용 컵을 사용하고, 종이와 옥수수를 원료로 만든 친환경 컵도 사용하고 있어요. 이 친환경 컵은 사용한 뒤에 퇴비 장비로 분해할 수 있어요. 또 에어뉴질랜드는 손님들이 자신의 컵을 가져와서 기내와 라운지에서 사용하는 것도 장려하고 있어요. 이렇게 노력하면 1년 동안 무려 1,500만 개나 되는 일회용 컵 쓰레기를 줄일 수 있다고 해요. 엄청나죠?

포장지 없는 가게

└ 먹을 수 있는 컵   └ 먹을 수 있는 컵 ©good_edi

　일본 시코쿠 도쿠시마현의 가미카쓰 마을은 쓰레기 없는 마을로 유명해요. 높은 산으로 둘러싸인 이 산골 마을에는 1,500명이 넘는 주민이 살고 있고 주민의 반 이상이 65세 이상의 노인들이에요. 세계 곳곳에서는 늘어나는 쓰레기 문제로 골치 아픈데, 이 마을은 2003년에 이미 '제로웨이스트 마을'을 선포했어요.

　이 마을은 '쓰레기의 발생 자체를 막자'는 목표를 가지고, 가정에서 배출하는 쓰레기를 13품목 45종으로 세밀하게 나눠요. 플라스틱 페트병은 깨끗하게 씻은 뒤 본체와 뚜껑, 라벨을 분리해서 버리고, 그 외의 플라스틱 용기는 세척 후 말려서 차곡차곡 쌓아서 내놓아요. 종이는 신문과 잡지, 포장지, 광고용 전단지 등 종류별로 묶어서 내놓고, 캔류는 알루미늄, 스틸, 스프레이용 캔 등 재료와 용도별로 하나하나 구분해요.

　이렇게 쓰레기를 분리수거하는 습관이 생기자 마을 사람들은 물건을 살 때부터 쓰레기 처리를 고민하게 되었고, 복합 재질 등 분리배출이 까다로운 물건은 잘 사지 않아서 소비 방식이 점차 바뀌었다고 해요. 잘 분리한 쓰레기는 마을의 쓰레기 처리 센터에 모으고, 이 중 종이류와 금속류를 판매하여 마을에 연간 300만 엔(3,000만 원)이나 되는 소득을 올린다고 해요. 쓰레기도 처리하고 돈도 벌고 일석이조 효과를 얻고 있어요.

마을에는 재사용 가게인 '쿠루쿠루くるく(빙글빙글이라는 뜻) 가게'가 있는데, 아직 쓸 만한 물건을 이곳에 기증하면 필요한 사람들이 다시 사서 물건을 순환시켜요. 또 물건을 수선하거나 재활용품으로 새로운 물건을 만드는 쿠루쿠루 공방도 있어요.

마을 식당과 카페도 쓰레기 줄이기에 동참하고 있어요. 음식물을 운반할 때 포장재를 쓰지 않고 무료 서비스를 할 때도 일회용품을 쓰지 않는 등 조건을 갖춘 매장에는 '제로웨이스트 인증마크'를 줘요. 이런 섬세한 노력으로 2016년 가미카쓰 마을은 재활용률 81퍼센트를 달성했고, 음식물 쓰레기는 100퍼센트 퇴비로 이용하고 있어요.

이 마을의 놀라운 소식이 전해지자 일본의 여러 마을들도 쓰레기 없는 마을을 선언했어요. 2008년에는 후쿠오카현 오오키 마을이, 2009년에는 구마모토현 미나마타 시가 제로웨이스트 마을을 선포했어요. 2017년에는 나라현 이카루가 마을도 동참했어요. 이런 아름다운 동참이 점점 늘어나면 쓰레기를 대폭 줄일 수 있고 재활용 자원을 많이 얻을 수 있어요. 나의 실천으로 마을이 변하고, 이렇게 변화하는 마을들이 모이면 우리 사회도 놀라운 변화를 겪을 거예요.

가게에 되돌려주는 포장지

　　한편, 독일에는 리컵Recup 시스템이 있어요. 독일 곳곳에 있는 제휴 카페와 레스토랑 등 6,000곳 이상의 가게에서 보증금을 내고 다회용기를 빌려서 사용한 후 반납하는 시스템이에요. 컵은 1유로, 다회용기는 5유로에 빌릴 수 있는 독일 최대의 다회용기 보증금 서비스예요. 컵이나 다회용기를 반납하면 보증금을 돌려받거나 새 컵으로 교환할 수 있고, 커피값도 할인받을 수 있어요. 이 컵은 폴리프로필렌PP 소재로 만들어서 내구성과 지속성이 뛰어나고, 100퍼센트 재활용이 가능해요. 뜨거운 음료를 담아도 유해 물질이 나오지 않아요. 관리를 잘하면 최대 1,000회를 사용할 수 있기 때문에 버려지는 일회용 컵을 1,000개나 줄일 수 있어요.

영국 런던을 비롯한 여러 도시에서는 리필Refill 캠페인을 벌이고 있어요. 컵이나 물병이 있다면 지정된 가게나 거리에 설치된 식수대에서 누구나 무료로 맑은 물을 마실 수 있어요. 무엇보다도 이 캠페인에 참여하면 생수병이나 플라스틱 컵 같은 플라스틱 쓰레기를 줄일 수 있고, 뜨거운 한여름에 누구나 시원한 물을 마실 수 있어서 온열 질환도 예방할 수 있어요. 스마트폰의 애플리케이션으로 리필 캠페인을 진행하고 있는 가게와 식수대를 손쉽게 찾을 수 있어요.

우리나라에도 비슷한 사례로 제주도의 '지구별 약수터'가 있어요. 이 약수터는 제주도를 여행하는 여행자들이 생수병이나 일회용 플라스틱 컵을 이용하면서 버리는 플라스틱 쓰레기가 많아지자, 이를 줄이기 위해 기획된 환경 캠페인이에요. 여행자들이 개인 컵이나 물통을 들고 지구별 약수터로 지정된 카페나 식당, 공공기관 등을 찾아가면 깨끗한 물을 무료로 이용할 수 있어요. 동네 뒷산 약수터의 맑은 물을 누구나 마실 수 있듯 말이에요. 공항이나 관광 안내소에 비치된 지구별 약수터 안내문의 큐알코드QR를 휴대폰으로 찍거나, 구글 맵에 '지구별 약수터'를 검색하면 위치를 알 수 있어요.

지구별 약수터를 이용할 때는 매장에 쓰레기를 남기지 않기, 컵이나 물병 세척을 요구하지 않기, 식수를 낭비하지 않기, 맑은 물을 제공하는 운영자에게 감사하기 등 몇 가지 이용법을 알고 있으면 더욱 좋아요. 여행자들은 맑은 물을 마음껏 마실 수 있고, 가게는 플라스틱 쓰레기가 남지 않아서 좋아요. 여행자들이 이 가게에서 판매하는 물건들을 이용하거나 구매할 수도 있으니 서로 좋은 만남이에요. 지구별 약수터는 제주도 외에 대전과 구미 등 몇몇 도시에서도 이용할 수 있고, 서울시는 '오아시스 서울 프로젝트'라는 이름으로 비슷한 사업을 추진하고 있어요.

이처럼 쓰레기를 줄이고 플라스틱 소비를 줄이기 위해 세계 곳곳에서 다양한 노력을 하고 있어요. 더 재미있고 공격적인 캠페인도 있어요. 플라스틱 어택Plastic Attack 캠페인을 아시나요? 불필요한 플라스틱 사용을 줄이기 위해, 물건을 구입한 후 과도하게 포장된 상품의 포장지를 가게에 버리거나 되돌려주는 운동이에요. 이 캠페인은 물건을 판매한 가게에 과도한 포장을 줄여달라는 항의의 뜻을 전달하면서, 제품을 생산하는 제조업체가 플라스틱 사용을 줄이도록 압박하기 위한 행동이에요.

2018년 3월 영국의 작은 도시 케인샴Keynsham에서 주민 50명이 처음 플라스틱 어택 캠페인을 시작했는데, 이 영상이 SNS를 통해 널리 알려졌어요. 그러자 이 캠페인은 프랑스와 네덜란드, 벨기에, 독일 등 유럽 전역으로 퍼졌고, 이후 미국, 아시아 등으로 확산되었어요. 2018년 7월 우리나라에서도 시민들 30여 명이 대형마트에 모여서 플라스틱 어택 운동을 벌였어요. 우리가 물건을 사면서 지불하는 비용에는 포장지의 가격이 포함되어 있고, 이렇게 곧 쓰레기가 될 과대 포장지를 사지 않을 권리에 대해 생각하는 시간이 되었어요.

물건을 안전하게 이동하고 보관하는 것과 상관없이 이중 삼중으로 과도하게 포장된 상품이 너무나 많고, 쇼핑 후 집에 돌아와 이 포장지를 벗기고 쓰레기를 정리하다 보면 쓰레기 문제의 심각성에 대해 깨닫곤 해요. 플라스틱 어택은 이런 문제의식을 소비자뿐 아니라 판매자, 유통 회사, 더 나아가 생산 회사에도 전하고 항의하는 캠페인이라 할 수 있어요. 환경문제는 꼬리에 꼬리를 물고 모두 연결되어 있으니까요.

이처럼 쓰레기 문제를 해결하려면 제품의 생산부터 소비, 폐기까지 모든 과정에서 함께 고민해야 하고, 제품을 유통하는 과정에서 안전하게 포장하고 이동, 보관하는 방법 등에 대해서도 생각해야 해요. 소비자이자 시민들이 분리배출을 열심히 하는 것만으로는 문제를 해결할 수 없어요. 제품을 생산하고 유통하는 회사와 기업들이 친환경 포장지를 개발하여 사용해야 하고, 소비자들은 이런 회사의 제품을 즐겨 이용해 주어야 해요. 그리고 정부와 지방자치단체는 친환경 제품을 개발하고 쓰레기를 줄일 수 있는 정책을 지원해야 해요.

우리 집에서 가까운 곳에 무포장 가게가 생기면 얼마나 좋을까요? 내가 자주 가는 슈퍼마켓이 무포장 가게가 되고 전통시장과 대형마트 모두가 동참한다면 어떤 일이 벌어질까요? 한발 더 나아가 세상 모든 포장지가 친환경 포장지로 바뀌어서 쓰레기 고민 없는 세상이 오면 어떨까요? 상상만 해도 즐겁지 않나요?

지구별 약수터 매장 ©제주시 블로그

해조류 종이컵을 본 적 있나요?

우리가 흔히 쓰는 종이는 나무에서 셀룰로스 같은 섬유질을 뽑아서 만드는데, 해조류에도 이런 성분이 있어요. 미역과 우뭇가사리, 괭생이모자반 같은 몇몇 해조류에는 '알긴산'이라는 성분이 들어 있어 펄프를 만들 수 있대요. 이 해조류 펄프를 이용하여 종이컵을 만들어요.

만드는 방법은 간단해요. 먼저 해조류를 말리고 분쇄하여 만든 가루를 펄프(종이)에 섞고, 이것을 컵 모양의 틀에 넣어 열과 압력을 주면 끝이에요. 코팅을 하지 않았지만 뜨거운 물에도 강하고, 손으로 찢으려고 해도 잘 찢어지지 않을 정도로 튼튼해요. 종이를 둥글게 말아 붙이는 이음매 부분이 없어서 접착제도 쓰지 않아요. 비닐 코팅한 종이컵은 분해되려면 50년이 걸리지만 해조류 종이컵은 90일 안에 썩는다고 해요. 곤충 같은 동물이 먹어도 괜찮고 땅에 묻으면 자연 분해돼요.

이 컵은 가격도 싸요. 한 해에 30만 톤이 넘는 해조류 부산물이 그냥 버려지는데 이것을 이용하고, 나무를 잘라서 여러 과정을 거쳐 만드는 일반 종이컵보다 제작 과정이 간단하기 때문이에요. 많은 사람들이 해조류 종이컵을 이용하면 가격을 더 낮출 수 있대요. 단, 해조류 알레르기가 있는 사람은 사용할 때 주의해야 해요.

이 컵은 마린이노베이션이라는 우리나라 기업이 세계 최초로 만들었는데, 이 기업은 100퍼센트 친환경 소재를 이용해 컵과 접시, 계란판도 만들고 있어요. 물론 일회용품 사용을 줄이는 것이 가장 좋지만 사람들이 한꺼번에 많이 모이는 행사장이나 병원, 약국처럼 위생이 중요한 곳은 일회용품을 쓸 수밖에 없어요. 이럴 때 해조류 종이컵을 사용하면 어떨까요?

이처럼 친환경 제품을 만드는 노력은 계속되고 있어요. 완두콩의 단백질 성분을 이용하여 비닐봉지와 비슷한 하늘하늘한 포장지를 개발했고, 옥수수 전분으로 플라스틱 컵과 매우 비슷한 컵을 만들기도 했어요. 야자 잎을 이용한 일회용 접시도 등장했고, 쌀과 보리 같은 곡식을 이용하여 먹을 수 있는 일회용 숟가락도 만들었어요.

지금 우리가 흔히 사용하고 있는 비닐이나 플라스틱, 스티로폼 같은 재료는 막대한 양의 쓰레기를 만들고 분해 기간도 매우 길어서 환경에 좋지 않은 영향을 미치고 있어요. 이 문제를 해결하기 위해 많은 사람들이 연구와 실험을 계속하고 있어요. 앞으로는 또 얼마나 새롭고 기발한 친환경 재료가 등장할까요?

1　나는 새로운 제품을 만드는 발명가예요. 우리 주변에 흔한 재료를 이용하여 친환경 제품을 개발하려고 해요. 어떤 재료를 이용하여 물건을 만들고 싶나요? 내가 발명한 이 제품은 어떤 장점이 있는지 말해보세요.

2　쓰레기를 줄이기 위한 국내와 해외의 기발한 사례를 조사하여 발표해보세요. 이 사례가 전 세계에서 보편적으로 쓰이려면 어떤 노력이 필요한지도 말해보세요.

3

세상에 오직 하나뿐인 작품

물건 재활용

최고급 펄프의 변신

어떤 물건에 대한 이야기예요. 이것은 아무도 모르는 사이 우리 집을 두 번이나 방문했대요. 나중에서야 그 사실을 알고 깜짝 놀랐어요. 우리 집을 두 번씩이나 찾아왔는데 어떻게 내가 새까맣게 모를 수 있을까요? 돌이켜 생각해 보니 그만한 까닭이 있었어요.

처음에 이것은 뽀얀 우유를 가득 품고 우리 집을 찾아왔어요. 우유를 쭈~욱 시원하게 들이킨 후 우유 팩을 차곡차곡 모아서 가게에 돌려줬어요. 그로부터 얼마나 시간이 흘렀을까요. 같은 가게에서 두루마리 휴지를 사 왔어요. 화장실의 휴지가 똑 떨어졌거든요. 새로 사 온 휴지의 포장지를 뜯으려는 순간, 포장지에 적힌 안내문이 눈에 띄었어요.

"우유 팩 1킬로그램을 다시 사용하면 두루마리 휴지 150미터를 만들 수 있습니다."

아니, 우유 팩으로 휴지를 만든다고요? 그럼 내가 가게에 돌려준 우유 팩이 두루마리 휴지가 되어 다시 우리 집으로 돌아온 것이로군요. 전혀 다른 얼굴로 찾아와서 정말 감쪽같이 속았어요. 우유 팩의 변신이 너무 놀랍지 않나요? 사실 우유 팩도 본래 다른 모습을 하고 있었어요.

이 우유 팩은 아주 먼 나라에서 살고 있었어요. 미국과 캐나다, 독일, 핀란드, 스웨덴같이 서늘한 북쪽 지방에서 하늘을 향해 곧게 자라던 침엽수였어요. 이 침엽수를 쓰러뜨려서 잘게 자르고 갈아서 천연 펄프로 만들었어요. 그리고 이것을 이용하여 우유 팩을 만든 거죠. 우유 팩은 식품을 담는 용기라서 매우 까다로운 기준을 통과해야 해요. 그래서 인체에 해가 없는 최고급 펄프이자 한 번도 사용하지 않은 좋은 펄프로 만들어요. 신문이나 종이 상자를 만들 때는 한 번 사용한 재생 펄프를 쓰지만 식품 용기는 그렇지 않아요.

우유를 판매한 뒤 소비자가 우유 팩을 모아서 가게에 가져오면 이것을 모아서 화장지 제조 회사로 보내요. 화장지 공장에서는 우유 팩을 깨끗하게 세척한 뒤 분쇄하여 펄프와 비닐을 분리하는 해리解離(뭉쳐 있던 것이 풀어짐) 과정을 거쳐요. 우유 팩은 액체가 밖으로 새거나 빛과 산소로 인해 내용물이 변질되지 않도록 천연 펄프의 안팎에 폴리에틸렌PE 필름을 부착하는데, 이것을 재활용 과정에서 제거하는 것이죠.

그 후 약품 처리 과정을 거쳐서 잉크와 불순물을 제거하고, 펄프를 풀어서 화장지 원단을 만들어요. 그리고 종이 심지를 중심으로 화장지 원단을 일정한 크기로 감고 잘라서 포장하면 우리가 사용하는 화장지가 되는 것이죠. 우유 팩 1킬로그램(1리터 우유 팩 기준 36개 내외)을 재활용하면 길이 50미터의 두루마리 화장지 3개(150미터)를 만들 수 있어요. 우유 팩에 사용된 펄프에는 표백제, 형광증백제 등을 사용하지 않아서 피부에 닿는 화장지를 만들어도 안전하고, 약품 사용으로 생기는 환경오염도 막을 수 있어요.

우유 팩뿐 아니라 두유와 주스, 생크림 등을 담았던 멸균 팩도 재활용이 가능해요. 우리나라에서 사용하는 종이 팩을 100퍼센트 재활용하면 연간 20년생 나무 130만 그루를 심는 효과가 있다고 해요. 그런데 한국의 종이 팩 재활용률은 겨우 15.8퍼센트(2020년 한국순환자원유통지원센터 자료)에 지나지 않는다고 해요. 소비자들 대부분이 아까운 종이 팩을 따로 모으지 않고 일반 쓰레기와 함께 그냥 버리기 때문이에요.

앞으로는 소중한 종이 팩을 이렇게 모아보세요. 우유나 두유 같은 음료를 마신 후 냄새가 나거나 곰팡이가 피지 않도록 종이 팩을 물로 깨끗하게 씻은 뒤 뜯어서 펼친 상태로 말려요. 그리고 종이 팩 전용 수거함에 넣거나 종이 팩끼리 잘 묶어서 재활용품 수거 장소에 배출하면 재활용할 수 있어요. 지역에 따라서 동 행정복지센터나 구청 등에서 종이 팩을 수거하여 화장지로 바꿔주기도 해요.

↳ 재활용하기 위해 모아둔 우유 팩들
©김소담

바다의 시간, 바다의 작품

여름철 많은 피서객이 즐겨 찾는 부산의 해운대는 인기 높은 해수욕장이에요. 백사장에는 알록달록한 파라솔 8,500개가량이 끝없이 펼쳐지면서 시원한 그늘을 만들고, 신나게 바다 수영을 즐기던 피서객들은 이 그늘에서 달콤한 휴식을 즐겨요. 그렇게 한여름이 지나고 바닷물이 차가워지면 임무를 마친 파라솔을 창고로 옮겨서 보관해요. 그중에는 강한 햇빛과 비바람을 맞아 곰팡이가 피거나 녹이 슬고 구멍이 난 것도 있어요. 해마다 대략 파라솔 1,500개가량을 소각 처리한다고 해요.

이렇게 그냥 버려지던 파라솔이 새로운 얼굴로 변신했어요. 부산에 있는 에코에코협동조합에서는 폐기되는 파라솔로 새로운 물건을 만들었어요. 파라솔의 천은 촉감이 좋고 색깔도 화려해서 디자인을 잘 입히

↳ 해운대 파라솔로 만든 가방과 의자 커버 ©한산신문_박초여름 기자

면 독특하고 예쁜 제품을 만들 수 있으니까요. 알록달록한 파라솔 천을 벗겨서 씻고 말리고 다림질한 후 재단을 하니 에코백과 가방, 모자, 지갑, 필통, 안경집, 파우치 등 다양한 제품이 탄생했어요.

버려지는 쓰레기도 줄이고 파라솔을 폐기하는 비용도 아끼고, 파라솔로 만든 새로운 제품을 판매하여 수익도 올리는 일석삼조 아이디어를 낸 것이죠. 파라솔로 만든 제품은 독특해서 부산을 찾는 여행객들이 좋아하는데, 특히 '해운대'라는 한글이 적힌 파라솔 가방과 에코백은 외국 관광객에게 아주 특별한 기념품으로 인기가 높다고 해요. 버리면 쓰레기가 되지만 디자인을 입혀서 다시 사용하면 독특하고도 멋진 작품이자 기념품이 될 수 있어요. 이런 기발한 생각, 정말 놀랍지 않나요?

한편, 바닷가에서는 또 다른 작품이 만들어지고 있어요. 파도가 치는 바닷가에는 동글동글한 조약돌이 많아요. 이런 돌뿐 아니라 투명한 음료수병, 갈색 맥주병, 초록 소주병 조각도 파도에 부딪히면서 점점 둥글고 예쁜 모양으로 변해가요. 이것을 씨글라스Sea Glass라고 하는데, 바다에 버려진 유리병 조각들이 파도와 바람, 모래 등에 의해 둥글게 깎이고 닳아서 만들어져요. 유리병은 누군가 해변에 함부로 버렸거나 육지에서 버려져 강을 따라서 바다로 밀려왔을 거예요.

이런 유리 조각을 모아서 새로운 물건을 만들고 있어요. '비치코밍 beachcombing'은 해변beach과 빗질combing을 합친 말로 바다를 빗질하듯이 바다 쓰레기나 표류물을 줍는 활동을 말해요. 머리카락을 빗어서 머리

└ 아름다운 '씨글라스' ⓒ픽사베이

└ 씨글라스로 만든 목걸이 ⓒgrit & grace

모양을 가지런하게 하듯 바다 쓰레기를 주워서 해변을 깨끗하게 한다는 뜻이에요. 우리말로는 '해변 정화'라고 해요.

이런 해변 정화 활동으로 예쁜 모양의 유리 조각을 모아서 깨끗하게 씻고 부속품을 달아서 귀걸이나 목걸이, 반지, 팔찌 같은 장신구를 만들고, 모빌이나 실내 장식품 같은 예술 작품을 만들기도 해요. 이 유리 조각은 모양과 빛깔이 서로 다를 뿐 아니라 파도와 시간이 오랫동안 함께 공들여 빚은 매우 특별한 소재예요. 그래서 바다의 보석이라고도 해요. 해변에 그냥 두면 쓰레기 조각에 불과하지만 알록달록한 바다 보석을 활용하면 세상에서 오직 하나뿐인 작품을 만들 수 있어요. 파도와 시간이 만들어낸 바다 보석, 정말 특별한 선물이지 않나요?

더욱 독특한 장신구도 있어요. 얼핏 보면 은으로 만든 평범하고 단순한 팔찌처럼 보이지만 이 팔찌는 무시무시한 폭탄으로 만들어졌어요. 전쟁 무기인 폭탄이 어떻게 장신구로 변신했을까요? 1955년부터 약 20년간 분단된 남북 베트남 사이에 벌어진 내전은 자본주의 진영과 공산주의 진영이 대립하는 양상으로 점점 커지면서 1975년까지 이어졌어요. 미국을 비롯한 한국, 호주 등의 나라에서 군대를 보내 전쟁에 개입하면서 캄보디아와 라오스까지 전선이 넓어졌어요.

미국은 인도차이나 지역에 공산주의 세력이 커지는 것을 막는다는 명목으로 전쟁에 참여하여 무려 9년(1964~1973년) 동안이나 공습을 계속했다고 해요. 이때 베트남과 국경이 맞닿은 라오스 땅에 2억 5,000여

└→ 폭탄을 재활용해 만든 팔찌 ⓒ박경화

개나 되는 폭탄이 떨어지면서 마을은 폐허가 되고 많은 사람들이 죽거나 다쳤어요. 평균적으로 8분에 하나씩 폭탄이 투하되었다고 할 정도로 끔찍한 전쟁이 이어졌고, 폭탄의 파편들은 마을 곳곳에 남게 되었어요. 라오스에 남아 있는 폭탄의 약 30퍼센트가 지금도 미폭발 상태라고 해요.

세월이 흐른 뒤 라오스의 나피아 마을에 사는 한 남자가 폭탄의 파편을 이용하여 액세서리를 만들었어요. 폭탄의 재료인 알루미늄을 녹여서 목걸이, 팔찌, 반지 같은 장신구를 만들었는데 이 기술을 마을 사람들에게 전수하기도 했어요. 이렇게 폭탄으로 만든 제품을 시장에서 판매하기도 했는데 특히 라오스를 찾은 관광객들에게 인기가 높았어요.

이곳을 여행하던 미국과 스위스 국적의 두 여성은 이 아이디어를 사업으로 확장시켜서 '피스밤'이라는 제품을 탄생시켰어요. 피스밤은 폭탄을 재활용하여 만든 팔찌와 목걸이 같은 액세서리를 뜻해요. 두 사람은 이것을 판매한 수익을 미폭발 폭탄을 제거하는 데 사용했고, 마을 주민들이 이런 작업을 같이 할 수 있게 도왔어요. 위험한 폭탄을 제거하고 돈도 벌 수 있는 아이디어, 정말 놀랍죠? 이런 기발한 생각이 라오스에 진정한 평화를 가져다줄 것 같지 않나요?

물건 재활용

재활용의 상상력엔 끝이 없다

　미국에는 역사적 의미가 담긴 재활용품이 있어요. 바로 미국 백악관의 대통령 집무실인 오벌 오피스Oval Office에 있는 유명한 책상이에요. 이 책상은 처음에 단단한 오크나무oak(참나무속)로 만든 배였어요. 영국의 해양 연구 선박인 레졸루트Resolute호는 1852년 영국을 출발하여 캐나다 북쪽의 북극해를 탐험하던 중 그만 빙하에 갇히게 되었어요. 그러자 선원들은 배를 포기하고 탈출했어요.

　1년 후 얼음에 갇혀 표류하던 이 배를 지나가던 미국 포경선이 발견했어요. 미국 정부는 이 배를 사들여 수리한 뒤 우정의 마음을 담아 영국 정부에 돌려주었어요. 그 후 레졸루트호는 보급선으로 계속 쓰이다가 1870년 수명이 다하여 퇴역하게 되었어요. 그리고 배를 해체하면서 나온 정교한 무늬가 새겨진 목재를 이용하여 고풍스럽고 멋진 책상을 만들었어요.

오래전 미국 정부의 도움을 잊지 않았던 영국의 빅토리아 여왕은 1880년 당시 미국 헤이스Hayes 대통령에게 감사의 마음을 담아 책상을 선물했어요. 이 책상은 '결단의 책상Resolute Desk'이라고 불리는데, 처음의 배 이름인 레졸루트호에서 따온 이름이라고 해요.

이후 백악관 창고에 보관하고 있던 책상을 케네디 대통령이 처음으로 집무실로 옮겨와서 사용했고, 프랭클린 루스벨트 대통령도 이 책상을 좋아했다고 해요. 지금까지도 이 책상에서 미국 대통령들이 집무를 보고 국가를 위한 중요한 결단을 내리거나 전 세계에 영향을 미치는 중요한 발표를 하고 있어요. 이처럼 수명을 다한 거대한 배가 재활용을 통해 미국 근현대사가 담긴 매우 유명하고 특별한 책상이 되었어요.

스위스 취리히에 있는 '프라이탁'은 세계적으로 유명한 업사이클 디자인 회사예요. 프라이탁은 트럭을 덮는 방수포와 자전거 바퀴의 내부 튜브 등을 재활용하여 만든 독특한 가방으로 유명해요. 1993년 그래픽 디자인 일을 하던 마르쿠스 프라이탁과 다니엘 프라이탁 형제는 함께 살고 있던 아파트 창문으로 늘 보이던 화물용 고속도로에서 우연히 새로운 디자인의 영감을 얻었어요.

고속도로를 빠르게 내달리는 트럭들은 물건이 비에 젖거나 먼지에 묻지 않게 방수포를 덮고 있었는데, 프라이탁 형제는 이를 보고 비가 와도 젖지 않는 튼튼한 메신저 백을 떠올렸어요. 그래서 트럭의 낡은 방수포를 재단하여 가방의 몸체를 만들고 자동차의 안전띠를 가방의 어깨끈으로 활용했어요. 그리고 가방 테두리의 올이 풀리는 것을 막기 위해 자전거 바퀴의 고무 튜브로 모서리를 둘렀어요. 그러자 매우 독특한 디자인의 가방이 완성되었어요.

이 방수포 가방은 매우 질기고 튼튼할 뿐 아니라 물에 젖지 않아서 가방 속 물건을 안전하게 보관할 수 있어요. 처음에는 판매보다는 자신들이 사용할 목적으로 만들었는데, 현장에서 일하는 사람들이 이 개성 있고 튼튼한 가방에 관심을 가지면서 즐겨 사용하기 시작했어요. 그리고 재활용 디자인이라는 것이 알려지면서 큰 인기를 얻게 되었고 지금은 전 세계에 350개 매장을 둔 세계적인 업사이클 브랜드로 성장했어요.

가방의 재료로 활용되는 '타폴린'이라는 방수 천은 5년 이상 사용한 낡은 제품을 써요. 다른 재료 또한 반드시 일정 기간 사용한 재활용품을 쓰고 있어요. 프라이탁에서 판매하는 다양한 가방을 제작하려면 1년에 약 트럭 방수포 200톤, 차량용 안전벨트 2만 5,000개, 자전거 고무 튜브 7만 5,000개가 필요하다고 해요. 재활용품을 이용해서 모두 수작업으로 만들기 때문에 같은 소재의 가방이라 해도 서로 다른 색깔과 디자인으로 탄생한다고 해요.

우연한 아이디어로 만든 재활용 가방이 많은 사람에게 인기를 얻으면서 세계적인 브랜드로 성장했다니, 정말 놀랍지 않나요? 이런 '새활용

(업사이클)' 제품은 매장에서 살 수도 있지만 내가 사용하던 물건을 재료로 직접 만들 수도 있어요. 이전에는 시도한 적 없던 색다른 재료를 활용하여 내가 직접 만든 물건이 뜨거운 반응을 얻는 상상, 생각만 해도 정말 즐겁죠?

우리의 고정관념을 깨는 기발한 재활용의 도전은 지금도 계속되고 있어요. 자신만의 독특한 디자인을 만들기 위해서든, 환경문제를 해결하려는 사명감 때문이든 저마다 목적은 조금씩 다를지라도 한정된 자원을 활용하여 물건의 쓸모를 만들어내는 사람들은 세계 곳곳에서 활약하고 있어요. 놀라운 재활용의 세계에는 한계란 없고, 재활용의 상상력에도 끝이 없어요. 열심히 노력하다가 실패해도 괜찮아요. 환경문제를 해결해 보려는 그 노력의 과정이 소중하고 아름다운 것이니까요.

내가 버린 쓰레기는 어디로 갈까

　내가 버린 쓰레기가 어떻게 처리되는지 생각해 본 적 있나요? 집이나 학교, 회사 등에서 우리는 날마다 쓰레기를 배출하고 있는데요, 쓰레기 처리 방식은 크게 재활용과 소각, 매립으로 나눌 수 있어요. 그중 '재활용'은 분리배출한 쓰레기에서 종이나 철, 플라스틱 같은 자원을 골라내어 다시 사용하는 것을 뜻해요.

　재활용은 다시 다운사이클downcycle, 리사이클recycle, 업사이클upcycle로 나눌 수 있어요. 페트병을 재활용해서 다시 페트병을 만들면 좋겠지만 대개는 품질이 낮은 플라스틱 제품으로 재활용하고 있어요. 페트병에 음식물이나 얼룩이 묻거나 라벨, 접착제 같은 이물질이 섞이는 경우, 혹은 두 가지 이상의 원료를 사용한 복합 재질 플라스틱의 경우는 재활

↳ 국내 최초 업사이클링 브랜드 '에코파티메아리' ⓒ박경화

↳ 자전거 부품을 재활용한 조명등 ⓒ박경화

물건 재활용

용이 어려워요. 날마다 배출되는 플라스틱의 양이 너무나 많고 그 종류도 다양해서 재활용 선별장에서 하나하나 꼼꼼하게 처리하기도 불가능해요. 그러니 종류별로 플라스틱을 한꺼번에 모아서 품질이 낮은 재활용품으로 만들 수밖에 없는데, 이것을 '다운사이클'이라고 해요. 우리나라 재활용품은 다운사이클인 경우가 많아서 보다 품질이 좋은 제품을 만들려면 분리배출을 지금보다 꼼꼼하게 잘해야 해요.

리사이클은 사용한 후 폐기된 것을 그대로 다시 쓰거나 폐기한 제품을 재질별로 분해하여 다시 새로운 제품을 만드는 방식이에요. 원료를 다시 쓴다는 것은 의미 있지만 재활용이라고 해서 무조건 좋은 것은 아니에요. 그 과정도 살펴볼 필요가 있어요. 재활용을 하려면 사람들이 사용한 후 배출한 물건을 수거해서 깨끗하게 세척하여 분해하거나 녹이는 등의 작업이 필요해요. 그 과정에서 많은 에너지가 들고 물과 각종 화학약품이 사용되기 때문에 또 다른 환경오염을 일으킬 수 있어요. 미세 플라스틱과 미세먼지 같은 오염물질을 배출하기도 하고요.

업사이클은 사용하던 물건에 새로운 디자인을 입혀서 원래보다 더 가치 높은 상품을 만드는 것을 뜻해요. 최근에는 친환경에 관심이 많은 디자이너들이 쓰레기 문제를 해결하고 새로운 디자인을 개발하기 위해 업사이클 디자인 분야에서 활발하게 활동하고 있어요.

이렇게 생활 쓰레기 중에서 재활용 가능한 자원을 최대한 골라내고, 나머지 쓰레기를 종량제봉투에 담아 배출하면 자원회수시설에서 소각 작업을 해요. 쓰레기를 태워서 부피를 줄이는 작업이죠. 소각 후 남은 재는 모아서 매립지에 묻어요. 그리고 오랜 시간 동안 땅속에서 자연적으로 분해되길 기다려요. 자원회수시설에서는 쓰레기를 태우면서 발생하는 열을 이용하여 주변 아파트나 공공시설에 난방 에너지를 공급하는 열병합발전소를 함께 운영하기도 해요.

하지만 이 과정에서도 여러 환경문제가 발생해요. 쓰레기를 태우는 과정에서 다이옥신, 중금속, 화학물질, 미세먼지 같은 유해 물질이 나오기 때문이에요. 심지어 소각장이 없는 지자체에서는 쓰레기를 그대로 매립하기도 하는데, 이 경우 매립지에서 침출수가 흘러나와 지하수를 오염시키고 악취와 먼지가 발생하기도 해요. 더 큰 문제는 이러한 매립지도 점점 포화 상태가 되어간다는 거예요.

2020년부터 코로나19가 확산되면서 다른 사람들과 접촉을 줄이기 위해 일회용품 사용과 배달 음식, 택배 주문이 대폭 늘어났고 쓰레기양도 엄청나게 늘었어요. 쓰레기 처리 시설들은 산더미 같은 쓰레기에 힘겨워하고 있고, 밀려오는 쓰레기를 감당하기 위해 쓰레기 시설을 새롭게 마련해야 하는 곳도 있어요. 그러나 자원회수시설이나 재활용 선별장, 매립지 같은 쓰레기 처리 시설이 우리 집 가까이에 들어서는 것을 누구도 원하지 않아요. 그래서 가장 중요한 것은 쓰레기 발생량 자체를 줄이는 것이에요.

물건 재활용

최종 목표는 자원순환 사회

　　자원을 이용하고 쓰레기를 배출하는 관점에서 우리 사회의 경제 구조를 두 가지로 나누어 볼 수 있어요. 생산지에서 원료를 얻거나 광산에서 자원을 채굴하여 물건을 만들고, 이를 사용한 뒤 쓰레기로 배출하는 시스템을 '선형 경제'라고 해요. 선형 경제는 자원을 투입하고 생산과 소비를 한 뒤 쓰레기 배출로 이어지는 직선 형태의 경제를 뜻해요. 그에 반해 자원을 캐서 생산과 소비를 한 뒤 버리지 않고 다시 자원으로 이용하면서 쓰레기 배출을 대폭 줄이는 구조를 '순환 경제' 혹은 '자원순환 사회'라고 해요. 순환 경제는 원을 그리듯이 소중한 자원을 함부로 버리지 않고 계속해서 사용하기 때문에 새롭게 투입하는 자원이 적고 쓰레기 배출도 거의 없는 시스템이에요. 선형 경제와 순환 경제 사이에 '재활용

경제'도 있어요. 자원을 쓰고 바로 버리는 게 아니라 한 번 재활용하고 버리는데, 지금 우리에게 가장 익숙한 구조라고 할 수 있어요.

순환 경제는 1966년 미국의 경제학자 케네스 볼딩Kenneth Boulding이 처음 제안한 개념으로, 1990년대 이후 수많은 학자들에 의해 발전되었어요. 자연 생태계의 흐름처럼 인간의 경제 체계에서도 물질이 버려지는 것 없이 순환할 수 있다는 것이에요. 2000년대 이후 세계 경제가 성장하면서 자원 소비가 급격하게 늘어나자, 자원 가격이 점점 오르고 변동 폭도 커지면서 나라마다 자원 관리가 불안정해졌어요. 그러자 한정된 자원을 효율적으로 사용할 방법을 고민하게 되었고 그 대안으로 순환 경제에 주목하게 되었어요. 2015년 유럽연합에서 순환 경제 실행 계획을 발표하면서 이 개념은 단순한 이론이 아니라 실제 경제에 영향을 미치는 중요 정책으로 떠오르게 되었어요.

선형 경제에선 자원이 많이 드니 해외 자원을 수입할 수밖에 없고 쓰레기 처리 비용과 에너지도 많이 들어요. 반면에 순환 경제는 외국 자원에 의존할 필요 없이 자생할 수 있는 방식이에요. 이런 순환 경제를 만들려면 재사용과 재활용 시스템을 더욱 다양하게 만들고, 재활용 기술을 발전시키고, 생산-분리배출-선별-재활용으로 이어지는 과정을 더욱 세밀화해야 해요. 저마다 기발한 아이디어로 물건을 재활용한다면 자원순환 사회를 더욱 앞당길 수 있지 않을까요?

도시 유전을 아시나요?

    고소하고 맛있는 과자를 먹고 나면 과자 봉지가 남지요. 이 과자 봉지를 이용하여 새로운 제품을 만드는 사람들이 있어요. 버려진 쓰레기를 이용하여 제품을 기획하고 연구하는 디자인 회사인 저스트 프로젝트JUST PROJECT는 과자 봉지, 라면 봉지, 커피 봉지 등을 모아 깨끗하게 씻고 일정한 모양으로 접고 연결하여 작은 동전 지갑, 책을 넣을 수 있는 파우치, 서류나 노트북을 담을 수 있는 큰 파우치 등 다양한 제품을 만들어요.

    알록달록한 비닐봉지의 색감과 질감을 그대로 살려서 만든 지갑과 파우치는 아주 튼튼해요. 또 빨대 여러 개를 같은 모양으로 일정하게 접어서 만

↳ 비닐봉지를 접어서 만든 저스트 프로젝트의 파우치 ©박경화

든 독특한 파우치도 개성이 넘쳐요. 과자 봉지와 빨대 같은 소재는 친숙하면서도 가방이나 파우치에 흔히 쓰이는 소재와는 전혀 달라서 이렇게 만든 재활용 제품은 우리에게 매우 독특하게 다가와요. 또 잘라서 붙이지 않고 일정한 모양으로 접어서 연결한 디자인 역시 신선하고, 우리 주변에 흔한 포장용지를 모아서 직접 만들어 보고 싶은 도전 욕구까지 불러일으켜요.

더 놀라운 기술도 등장했어요. 과자 봉지 같은 각종 제품의 포장재, 쇼핑후 버려진 비닐 쇼핑백 등 엄청나게 늘어난 비닐 쓰레기를 처리하는 새로운 방법이에요. 비닐의 원료는 석유인데요, 보통 태우거나 폐기하던 폐비닐을 모아서 다시 원래 소재인 원유로 만든 것을 열분해유라고 하고, 다른 이름으로는 '도시 유전'이라고 해요.

우리나라 어느 정유업체에서 폐비닐을 녹여 열분해유를 만들고 이 기름을 기존 원유와 섞어 다시 석유 제품으로 환원하는 공정에 성공했어요. 지금까지 다른 중소기업 100여 곳에서도 폐비닐이나 폐플라스틱으로 열분해유를 만들어왔지만, 그동안은 불순물이 많이 섞여 있어서 설비에 부식이 일어나는 등 활용에 한계가 있었다고 해요. 그런데 이 정유업체에서는 불순물을 제거하는 후공정 처리 기술을 개발해 실제 활용도를 매우 높였어요. 이 정유업체는 앞으로 열분해유 공장을 만들어 상용화에 나서고 본격적으로 도시 유전 사업을 시작할 예정이라고 해요.

이 외에도 사용 후 오염된 페트병과 합성섬유로 만든 옷을 화학적으로 분해하여 재활용하는 '해중합' 기술도 있고, 폴리프로필렌PP 재질의 폐플라스틱을 재활용하여 순수한 PP를 뽑아내는 고순도 추출 기술도 개발되었어요. 이런 화학적 재활용 방법으로 만든 재생 플라스틱은 품질이 우수해 더욱 다양하게 쓰일 수 있어요.

이런 기술을 잘 활용하면 쓰레기 문제를 보다 쉽게 해결할 수 있겠지요? 그러나 전국에 있는 많은 비닐쓰레기를 모으기가 쉽지 않고, 공장까지 옮기려면 많은 에너지가 필요해요. 그래서 비닐쓰레기를 줄이려는 노력이 더 중요해요. 그리고, 우리가 쓰레기를 잘 분리배출하면 새로운 제품의 원료로 쓰일 수 있고, 폭발적으로 늘어나는 쓰레기양도 줄일 수 있어요. 앞으로 새롭게 등장할 지구를 살리는 놀라운 기술은 또 무엇이 있을까요?

토론해 보아요

① 위의 글을 읽고 자신의 생각을 말해보세요. 환경문제를 해결할 수 있는 나만의 새로운 기술을 상상해 보고, 이 기술은 어떤 점에서 우리 사회에 필요한 것인지 발표해 보세요.

_____

_____

_____

_____

② 재활용률을 높이기 위해 노력하는 국내와 해외의 기발한 사례를 조사하여 발표해 보세요.

_____

_____

_____

_____

4

도심 속 초록 숨통

도시재생

오래된 도시를 새롭게 꾸미는 방법

　예전에 도시의 규모가 그리 크지 않던 시절에는 철도와 기차역, 고가도로 같은 공공시설과 공장, 발전소, 저장고, 감옥 같은 산업시설이 도심 중심부가 아닌 주변부에 세워졌어요. 하지만 도시의 인구가 늘고 도심지가 점점 넓어지면서 이런 시설들이 어느덧 도심의 중앙부에 자리 잡게 되었어요. 아무리 튼튼하게 지은 건물이라도 시간이 지나면 낡기 마련이에요. 강한 햇빛과 비바람을 맞고, 사람들이 자주 이용하며 낙후된 건물은 수리가 필요하거나 더 이상 이용할 수 없는 상태가 되기도 해요.

　이렇게 쓰임이 끝난 건물이나 철길이 도심에 흉물스럽게 남아 있는 것도 큰 문제이지만, 철거하려고 해도 복잡한 도심에서의 철거 작업은 매우 어렵고 많은 비용이 들기 때문에 골칫거리예요. 고층 건물을 철거하면 그만큼 거대한 쓰레기가 만들어지고 철거 과정에서 발생하는 먼지와 진동, 소음이 주변 건물과 도로 등에 큰 피해를 주게 되니까요.

그러자 도시의 역사를 간직한 건물을 철거하는 대신 용도를 바꿔서 전혀 다른 공간으로 만드는 도시재생 사업이 점점 늘어나게 되었어요. 과거엔 기차와 자동차가 다니거나 산업시설의 관계자들만 이용하던 곳이 대대적인 보수 작업을 거친 뒤에는 공원이나 호텔, 전시장같이 누구나 이용할 수 있는 공간으로 변신하고 있어요.

도시재생 사업은 인구 증가로 도시가 무분별하게 확장되거나 인구 감소로 도시가 쇠퇴하면서 주거 환경이 노후화되고 열악해졌을 때, 또는 산업 구조의 변화로 건물이나 시설물의 용도가 달라졌을 때 등 다양한 이유로 변화가 필요해지면 도시에 새로운 기능을 도입하여 경제, 사회, 물리적 환경을 개선하는 도시 개발 사업이에요. 또 도시의 주요 건물이나 거리를 새롭게 꾸며서 많은 이들이 찾아와 이용할 수 있도록 도시에 새로운 활력을 불어넣는 일이에요. 이런 도시재생 사업은 건축, 디자인 전문가뿐 아니라 시민들이 직접 참여하여 다양한 의견을 제시하기 때문에 도시의 역사에 더욱 특별한 의미를 더해요. 이 도시에서 사는 사람들이 공간을 함께 만들어간다는 의미가 담겨 있으니까요.

도시의 상징물이 된 오래된 건물을 허물지 않고 옛 건물의 가치를 고스란히 살리고, 전시관 같은 별도의 공간을 꾸며서 건물의 역사와 의미를 누구나 알 수 있도록 기록하기도 해요. 무엇보다도 본래 건물이나 시설물의 구조를 그대로 활용하니 건축 쓰레기도 줄일 수 있어서 친환경적이에요.

최근에는 뉴트로New-tro가 유행하고 있어요. 뉴트로는 새로움New과 복고Retro를 합친 말로, 복고를 새롭게 즐기는 경향을 말해요. 운치 있는 오래된 건물에 현대적 감각을 더해서 재탄생시키는 뉴트로는 건물과 공간의 재활용에도 도입되고 있어요. 역사 깊은 도시의 거리들이 줄지어 새로 단장한 오래된 건물들과 함께 예스러움과 최신 유행을 동시에 느낄 수 있는 독특한 공간으로 거듭나고 있어요.

이처럼 건물과 공간을 재활용하는 기발한 아이디어들이 우리나라뿐 아니라 세계 곳곳에 등장하고 있어요. 앞으로 얼마나 더 기상천외한 아이디어가 우리를 깜짝 놀라게 할까요? 옛 역사를 잘 간직하면서 현대적 감각을 한껏 더해 새롭고 멋진 작품을 탄생시킨 도시로 여행을 떠나볼까요?

도심에 푸른길이 생겼다!

키 큰 나무들이 오솔길을 따라 길게 이어지고 있어요. 사람들은 자동차들이 빠르게 내달리는 찻길보다는 시원한 그늘이 있고 바람이 머무는 이 길을 따라 걷는 걸 좋아해요. 이 길은 건물로 가득 찬 도심 한가운데에서 울창한 숲을 이루어서 시원한 바람길이 되고, 새와 곤충 등 다양한 생명들이 찾아드는 생태녹지축(도시 지역의 산과 공원 등 녹지공간이 길게 연결된 형태)이 되고 있어요. 복잡한 도시에서 자연을 느낄 수 있는 초록 숨통인 셈이죠. 이 길은 바로 광주광역시 동구와 남구로 길게 이어지는 '푸른길'이에요.

예전에 이 길은 놀랍게도 기찻길이었어요. 1930년 12월 25일 광주와 화순, 보성, 여수를 연결하는 광주-여수 간 철도가 개통되었어요. 길

└ 광주의 푸른길 ⓒ박경화

도시재생

게 기적을 울리며 달리던 기차는 학생들의 통학 열차이자 남광주시장으로 가는 상인들에게도 매우 중요한 교통수단이었어요. 남광주시장은 보성과 여수에서 올라온 다양한 수산물이 유통되는 큰 시장으로, 상인들은 바다에서 갓 잡은 싱싱한 해산물을 새벽 기차로 싣고 와서 장을 펼쳤어요.

1970년대에 접어들어 광주시 인구가 늘어나면서 철길 안쪽에 모여 살던 사람들이 점점 바깥쪽으로 이동하여 도심이 커졌어요. 그러자 철도는 걸림돌이 되고 말았어요. 하루 30여 차례 운행하는 기차 때문에 철길 주변의 집과 학교는 소음과 진동, 매연에 시달렸고, 도심으로 진입하는 자동차들이 철길 건널목에 가로막혀 교통체증이 생기자 불편하다는 목소리도 높아졌어요. 또 철길에서 사람이 다치거나 목숨을 잃는 사고도 발생했어요.

이런 이유로 1974년부터 철도를 옮겨달라는 시민들의 요구가 있었는데, 세월이 한참 흘러 1988년 시민들이 '도심철도이설추진위원회'를 결성하고 서명운동을 시작하면서 이 문제가 널리 알려졌어요. 1989년 광주시는 광주역-효천역 구간(10.8킬로미터)을 폐선하기로 했고, 그로부터 다시 시간이 한참 흐른 뒤인 1995년부터 단계별로 철거하는 철도이설공사가 시작되었어요. 이후 광주시는 이곳을 경전철 노선으로 활용하려는 계획을 세우기도 했지만 시민들은 공원을 만들어야 한다고 꾸준히 주장했어요. 2002년 드디어 광주시는 시민들의 요구를 받아들여 폐선

↳ 시원한 그늘이 있는 푸른길을 따라 이동하는 사람들 ⓒ박경화

부지를 푸른길공원으로 만들기로 했어요.

그러자 광주 시민들은 다시 분주해졌어요. 오랜 노력 끝에 공원을 만들기로 결정했으니 이 공원을 가꾸는 일에도 적극 나서야 하니까요. 푸른길공원 기본계획이 세워지자 시민들은 내 나무 한 그루를 푸른길공원에 심는 '푸른길 100만 그루 헌수운동'에 참여했고 벤치를 기증하거나 기념정원을 조성하는 데 일손을 보탰어요. 또 여러 기업과 단체들도 다양한 방법으로 푸른길을 꾸미는 일에 적극 참여했어요. 어느 건설사가 조선대학교 앞 철길 535미터 부지를 기탁하면서 푸른길은 더 넓어질 수 있었고, 이러한 다양한 노력에 힘입어 지금처럼 길게(길이 7.9킬로미터, 면적 120,227.6제곱미터) 이어지게 되었어요.

새로운 길에서는 재미난 일들이 벌어졌어요. 푸른길에 대한 이해를 도와주는 방문자센터가 생겼고, 열차 객실을 재활용한 기차도서관과 카페도 들어섰어요. 봄부터 가을까지 시민들이 참여하는 별별장터와 포장마차도 문을 열었고, 푸른길 가든 페스티벌과 푸른길 축제, 낙엽축제 등 다양한 행사도 열렸어요. 이곳에서 자라는 풀과 나무를 조사하는 생태 모니터링 활동도 벌어졌고, 도시 숲과 녹지를 인문학적 시선으로 풀어보는 인문학 강좌도 열렸어요. 또 푸른길을 중심으로 갤러리 같은 예술 공간과 예술가들의 화실도 들어섰어요.

초록길 하나가 만들어지자 도시에는 새로운 활력이 생겼어요. 도심 한가운데 이어진 초록길은 그저 사람들이 오가는 길이 아니라 도시에 초록의 기운을 불어넣고, 사람들이 만나는 소중한 공간이 되고 있어요. 이렇게 도시를 변화시키는 철길의 새로운 변신, 정말 놀랍지 않나요? 만약 이 길이 경전철이나 평범한 도로로 쓰였다면 이런 변화를 기대할 수 없었겠지요. 특히 시민들의 의견과 열정적인 참여가 모여 만들어진 공간이라 더욱 의미가 있어요. 그렇다면 또 다른 사례도 살펴볼까요?

└ 푸른길에 있는 푸른길기차도서관 ©박경화

└ 푸른길에서 열리는 토요장터 ©광주 남동구 공식 블로그

서울로7017과 뉴욕 하인라인 파크

서울시 한가운데에도 새롭게 만들어진 길이 있어요. '서울로7017'이라는 이름으로 조성된 이 길은 서울역을 중심으로 동서로 길게 이어진 공중 공원이에요. 이곳에 올라서서 사방을 둘러보면 서울역 광장과 주변 도로, 도심의 탁 트인 풍경이 360도로 시원하게 펼쳐져요.

이 길은 본래 자동차가 달리던 고가차도였어요. 1970년에 개통한 서울역 고가도로(1,024미터)는 남대문시장과 만리동 봉제공장 등에서 일하던 상인들이 부지런히 오가며 물건과 재료를 실어 날랐던 길이에요. 지방에서 기차를 타고 올라와 서울역에 내리면 바로 눈에 띄는 고가도로라서 한때는 경제성장의 상징물로 여겨지기도 했어요.

세월이 흘러 도로가 낡으면서 안전 D등급 판정을 받고 철거해야 한다는 목소리가 높아졌어요. 그러나 서울시는 시장 상인들을 비롯한 많은 시민들의 의견을 모아서 철거 대신 주변 지역에 새로운 활력을 불어넣기 위한 도시재생 사업을 추진했어요. 자동차가 달리던 고가도로를 시민들이 걸어 다닐 수 있는 보행로로 꾸미기로 한 것이죠.

몇 년에 걸쳐서 고가도로를 다시 튼튼하고 안전하게 만드는 보강공사를 하고, 이 길의 주제를 '서울수목원'이라고 정한 뒤 다양한 나무와 꽃이 피는 식물들을 심어서 아름다운 공중 정원으로 만들었어요. 관광 안내소와 카페도 문을 열었고, 문화 관광 해설사가 진행하는 전문 해설 프로그램 등 다양한 즐길 거리도 만들었어요.

이 길의 이름인 '서울로7017'은, '1970년에 만들어진 고가도로가 2017년 사람들이 다니는 17개의 길로 다시 태어났'는 뜻을 담고 있어요. 자동차들이 빠르게 달리던 도로에서 걷기 좋은 산책로로 거듭난 서울로7017은 색다른 서울의 명소가 되었어요. 서울역 바로 옆에 있는 이 공중 정원을 보기 위해 많은 이들이 모여들고, 근처 회사의 직장인들은 이 길을 점심시간 산책로로 이용하면서 잠깐의 여유를 즐겨요. 동쪽 남대문시장이나 서쪽 만리동, 중림동으로 이동하는 사람들에게는 안전한 이동통로 역할도 하고 있어요.

서울로7017의 모델이 된 곳은 미국 뉴욕의 하이라인 파크High Line Park예요. 하이라인 파크는 뉴욕 맨해튼에 자리한 30년 동안 사용하지 않던 폐선 부지를 푸릇푸릇한 공원으로 새롭게 가꾸며 탄생했어요. 1930

⌙ 서울로7017의 낮 ⓒ박경화

⌐ 서울로7017의 밤 ⓒ게티이미지

년대 미국의 산업 성장기에 화물 운송을 위해서 만들었던 하이라인은 길이 2.3킬로미터, 높이 9미터의 고가철도였어요. 당시 맨해튼 거리는 말과 마차, 증기기관차, 사람들이 함께 이용하면서 매우 혼잡해 '죽음의 도로'라고 부를 정도였는데, 이런 문제를 해결하기 위해 9미터 높은 곳에 철도를 만든 거예요. 이 철도는 1934년에 개통되어서 육류와 우유, 과일, 농산물을 웨스트사이드의 냉동 창고와 유통 센터로 부지런히 운반하며 뉴욕의 생명선 역할을 했어요. 이 철도는 독특하게도 건물 속으로도 열차가 지나다닐 수 있게 만들어져서 화물을 싣고 내리기에 편리했다고 해요.

세월이 흘러 1980년대에 들어서면서 새로운 도로망인 고속도로가 생겼고 화물트럭도 늘어났어요. 열차 이용률이 떨어지자 열차들은 곧 운행을 멈추었고 고가철도는 폐선이 되었어요. 방치된 철제 선로와 자갈들 사이로 들풀과 야생화, 나무들이 마구잡이로 뿌리 내렸고, 낡고 흉물스러워진 고가철도는 도시의 골칫거리가 되었어요. 뉴욕 시민들은 시청에 고가철도를 철거해 달라고 요구했어요.

1999년 뉴욕에 살던 조슈아 데이비드Joshua Davis와 로버트 해먼드Robert Hammond는 하이라인 철거에 관한 뉴스를 본 후 커뮤니티 위원회 모임에 참석했어요. 이곳에서 하이라인 재이용 방안에 대한 여러 의견을 듣고, 공원을 만들면 많은 사람들이 이용할 수 있어서 좋고, 절차도 가장 간소하겠다는 생각을 했어요. 두 사람은 처음 보는 사이였지만 의

기투합하여 '하이라인 친구들'이라는 시민 단체를 만들었어요. 그리고 하이라인을 아름다운 공원으로 가꾸기 위해 설계 아이디어 공모전, 모금 행사 등을 열며 시민들의 참여를 이끌어내기 위해 여러 해 동안 많은 노력을 기울였어요.

뉴욕시에서도 이런 시민들의 움직임에 긍정적인 관심을 보이면서 하이라인을 공원으로 만들기 위한 본격적인 공사를 시작했어요. 철로의 레일과 판을 들어내고 식물이 자랄 수 있도록 자갈과 배수로 공사를 한 후 흙을 깔고 다양한 종류의 다년생 식물을 심었어요. 그 후 레일을 다시 제자리에 설치하고 전용 산책로와 하이라인 접근 통로, 시민들이 쉬어 갈 수 있는 벤치 등을 만들었어요. 산책하는 사람들이 눈이 부시다 느끼지 않고 야경에도 방해되지 않을 정도의 조명을 의자와 난간 등 조경 시설 사이에 낮게 설치하여 산책로를 은은히 밝히도록 했어요.

2009년 드디어 뉴욕 하이라인 파크는 도시재생 공원이자 자연 친화적인 공원으로 재탄생했어요. 하이라인 파크에서는 푸릇푸릇하게 자라는 200종 이상의 풀과 야생화, 나무와 함께 뉴욕 시내를 감상할 수 있어요. 이 길에서는 물건을 파는 상행위뿐만 아니라, 음주와 흡연, 고성방가, 자전거 운행도 금지되어 있고 반려동물도 입장할 수 없어요. 덕분에 복잡한 도심에서 어떤 방해도 받지 않고 조용하고 한가로운 시간을 보낼 수 있는 산책로가 탄생했어요.

이처럼 뉴욕 하이라인 파크는 옛 건축물을 보존하면서 새로운 도시

└▶ 뉴욕 하이라인 파크

공간을 탄생시킨 좋은 사례예요. 특히 뉴욕시 주도가 아닌, 시민들과 시민 단체의 노력과 기부로 가꾼 공원이라 더욱 가치가 있어요. 이제는 뉴욕 시민들뿐 아니라 관광객들도 즐겨 찾는 장소가 되었지요.

서울7017의 모델인 뉴욕 하이라인 파크도 처음에 모델로 삼았던 공원이 있어요. 바로 프랑스 파리의 프롬나드 플랑테Promenade plantée 공원이에요. '나무로 조성된 산책로'라는 뜻을 가진 이 공원은 방치된 폐선 부지를 편안하고도 독특한 문화예술 및 상업 공간으로 탈바꿈시킨 좋은 사례예요. 1859년 파리 12구 지역에 건설된 고가철도는 90년 동안 사용되다가 1969년 철도 운행이 중단되며 방치되었어요. 이후 오랫동안 활용 방법을 찾지 못하고 있다가 1993년 매우 독특한 공중 산책로로 재탄생했어요.

4.5킬로미터 길이의 폐선 부지를 있는 그대로 보존하면서 시민들이 편안하게 산책할 수 있는 휴식 공간으로 새롭게 꾸민 이 길에서는 10미터 정도 높이에서 마치 파노라마를 즐기듯 파리 시내를 감상할 수 있어요. 이 길에는 아름다운 정원을 연상시키는 풀과 나무가 우거진 산책로가 있고, 터널로 이어지는 색다른 산책로와 고가철도를 지탱하는 아치형 구조를 그대로 활용하여 지은 상점들도 있어요.

이처럼 프롬나드 플랑테의 놀라운 아이디어는 미국 뉴욕의 하이라인 파크, 한국의 서울로7017뿐만 아니라 전 세계에 영향을 끼쳤어요. 독일 베를린 철도공원, 일본의 시모가와라 녹도, 오오시마 녹도 공원 등 폐선된 철길을 공원으로 가꾼 사례를 세계 곳곳에서 찾아볼 수 있어요.

대개 도시를 개발할 때 낡은 건축물이나 구조물을 부수고 새로운 건물을 짓거나 공원으로 꾸미지만 이러한 방식은 대량의 건축 폐기물을 만들 뿐 아니라 많은 비용이 들어요. 본래 있던 건축물을 다시 활용하면 건물의 역사적 의미를 살릴 수 있고 과거와 현재가 만나 지금까지 본 적 없는 매우 독특한 공간이 탄생할 수도 있어요. 예전에는 사람과 화물을 싣고 나르던 분주한 길이었지만 이제는 복잡한 도심에서 매우 바쁘게 사는 사람들이 한가롭게 산책하면서 여유를 즐기고 다시 일상을 살아갈 힘을 얻는 공간으로 새롭게 변신한 것처럼 말이에요. 옛 철길과 도로를 따라 길게 이어진 이 초록 공간은 새와 곤충 같은 자연의 생명들에게도 쉬어갈 수 있는 작은 숲이 되고 있어요.

⌐ 파리의 프롬나드 플랑테 공원에서 일광욕을 즐기는 사람들 ⓒHemis

산업유산의 놀라운 변신

　'산업유산'이란 말 들어보셨나요? 산업유산이란 인류의 노동과 생산 활동과 관련해 생성된 역사적, 사회·문화적, 미학적, 교육·학술적, 과학·기술적 가치가 있는 '산업문화의 유산'을 말하는데요, 최근 들어 철길과 도로뿐 아니라 낡고 거대한 각종 산업유산들이 새롭게 변신하고 있어요. 서울시 마포구 매봉산 자락에는 비상시를 대비하는 석유비축기지가 있었어요. 1973년 세계 석유 가격이 갑자기 치솟았던 1차 석유파동을 겪은 후 서울시는 비상시에 사용할 수 있는 석유를 미리 비축해 두기 위해 석유저장시설을 만들었어요.

　1976~78년에 석유비축기지를 건설하여 지름 15~38미터, 높이 15미터나 되는 탱크 다섯 곳에 당시 서울 시민들이 한 달 정도 사용할 수 있

┗ 마포 문화비축기지 커뮤니티센터 ©박경화

┗ 마포 문화비축기지 공연장 ©박경화

┗ 마포 문화비축기지 이야기관 ©박경화

는 석유 6,907만 리터를 비축했어요. 그리고 이곳을 1급 보안시설로 지정하여 시민들의 접근과 이용을 통제했어요. 세월이 흘러 이 부지 바로 옆에 2002년 한·일 월드컵 경기를 위한 서울월드컵경기장을 건설하면서 석유비축기지는 위험시설로 분류되었어요. 그러자 서울시는 탱크에 저장한 석유를 다른 곳으로 옮기고 2000년 12월에 시설을 폐쇄했어요.

이후 10여 년이 흘러 서울시는 이 공간을 어떻게 사용할 것인가를 고민하다가 2013년 시민들의 아이디어를 공모하여 친환경 복합문화 공간으로 새롭게 꾸몄어요. 기존에 있던 거대한 석유 탱크 다섯 곳은 공연장과 복합문화 공간, 이야기관(전시관) 등 전혀 다른 쓰임새로 변신했어요. 또 석유 탱크를 해체하면서 나온 철판을 재활용해 만든 공간을 커뮤니티센터로 활용하고, 임시 주차장이었던 넓은 야외공간을 문화마당으로 꾸며 다양한 행사를 열고 있어요. 더 이상 사용하지 않는 산업유산인 석유 탱크가 역사적 의미를 보존하면서 시민들이 즐겨 이용할 수 있는 매우 특별한 공간으로 거듭났어요.

해외에는 더욱 독특한 사례도 있어요. 핀란드의 수도인 헬싱키 남부에는 카타야노카 호텔이 있어요. 2007년 낡은 건물을 리모델링하여 호텔로 꾸민 이곳은 놀랍게도 예전에 죄수들을 수감했던 감옥이었어요. 카타야노카 감옥은 175년 동안이나 교도소로 운영되었는데, 살인자나 강도 같은 범죄자뿐 아니라 시민들에게 존경받았던 대통령, 정부 고위 관료 같은 정치인과 사상범들이 수감 생활을 했던 곳이에요. 그래서 감

↳ 핀란드의 카타야노카 감옥 호텔 ©Sowizo

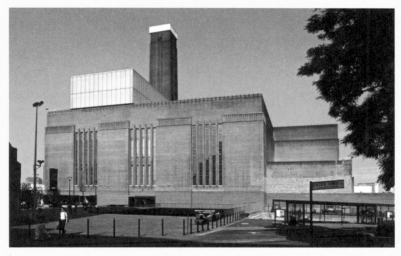

↳ 런던 화력발전소 미술관(테이트모던) 전경 ©Hans Peter Schaefer

옥은 대개 혐오시설로 여겨지지만 핀란드 사람들은 이곳을 핀란드의 역사를 증언하는 뜻깊은 장소로 생각한다고 해요.

1837년에 세워진 이 건물은 신고전주의 양식으로 지어졌는데, 처음에 흰색 건물이 먼저 지어지고 붉은 벽돌 건물들이 세 면에 각각 연결되면서 독특한 모양으로 확장되었어요. 이곳에는 164개의 감방이 있었고, 각 방은 2평 크기에 2~3명을 수용했다고 해요.

세월이 흘러 감옥이 낙후되자 다른 지역에 새 교도소를 짓게 되었고, 2002년 봄 마지막 수감자가 이감하면서 카타야노카 감옥의 175년 역사가 마무리되었어요. 그 후 감옥을 헐고 새로운 건물을 짓자는 시민들의 의견이 많았는데, 미국의 한 호텔 회사가 이곳에 관심을 보였어요. 그들은 새 건물을 짓는 대신 기존 건물과 공간을 그대로 유지하면서 호텔로 활용하는 아이디어를 제안했어요. 그렇게 낡고 오래된 감옥은 106개 객실을 가진 고급 호텔로 새롭게 탄생했어요.

건물 외관은 거의 손대지 않았고 실내는 감옥의 원형과 분위기를 최대한 유지하는 방향으로 수리했어요. 긴 복도 양옆으로 일렬로 늘어선 방들, 감옥 관리를 위해 구역을 나누었던 중간 철문, 중정에 자리 잡고 있는 철 계단, 철제 난간 등을 그대로 살려서 건물에 들어서자마자 이 공간이 감옥이었다는 것을 한눈에 느낄 수 있게 했어요.

호텔은 도심과도 가깝고 잘 가꾸어진 녹지공간을 품고 있어서 많은 이들이 이 독특한 호텔을 즐기기 위해 방문하고 있어요. 이 호텔에 투숙

도시재생

하는 손님들은 마치 감옥 체험을 하는 것 같은 묘한 기분에 빠진다고 해요. 이곳에서 하룻밤을 묵으면 과연 어떤 기분이 들까요? 죄짓지 않고 착하게 살아야겠다는 다짐을 하게 될까요?

이 외에도 건물과 공간을 기존의 쓰임새와 전혀 다르게 꾸민 사례는 세계 곳곳에 있어요. 영국 런던의 화력발전소는 현대미술관으로, 독일 뒤스부르크의 제철소는 환경공원으로 새롭게 태어났어요. 네덜란드 암스테르담의 가스공장은 문화공원으로 변신했고, 스위스 취리히의 슬럼가 공장지대는 문화예술의 중심지가 되었어요. 대만 타이베이의 오래된 목욕탕은 도서관으로 재탄생했고, 우리나라 서울의 선유도공원은 서울 서남부 지역에 수돗물을 공급하던 정수장이었다가 푸릇푸릇한 친환경 생태공원으로 변신했어요.

도심 가운데 낡고 오래되어 골칫거리였던 거대한 건물과 공간이 많은 이들의 아이디어와 상상력, 다양한 실험과 노력, 그리고 세련된 감각을 통해서 놀라운 변신을 하고 있어요. 이런 변화, 정말 신기하고 즐겁지 않나요?

부수기 위해 지은 월드컵 경기장

2022년 11월에 열린 카타르 월드컵은 수도인 도하의 라스 아부 아부드 스타디움에서 열렸어요. 좌석 4만 석을 갖춘 이 거대한 경기장은 조립식 '컨테이너 경기장'으로 유명해요. 원형 구조물인 이 경기장의 재료는 바로 화물 컨테이너예요.

항구가 있는 해변가에 세워진 경기장은 바람이 잘 통할 수 있게 설계되어 에어컨 없이도 적정 온도를 유지할 수 있고, 다른 경기장보다 물 사용량도 40퍼센트가량 적다고 해요. 그런데 이 경기장은 축구 팬들의 뜨거운 함성이 울려 퍼진 월드컵 경기가 끝나자 곧 사라졌어요.

올림픽이나 월드컵 같은 전 세계인이 주목하는 경기가 열릴 때마다 행사를 유치하기 위해 도시마다 천문학적인 예산을 들여서 거대한 경기장을 세워요. 하지만 대회가 끝나고 나면 활용할 계획이 마땅치 않아서 그냥 방치되는 경우가 많아요. 거대한 경기장에 관객을 가득 채울 만한 행사를 열기가 쉽지 않기 때문이죠.

그런데 도하의 월드컵 경기장은 컨테이너를 차곡차곡 쌓은 형태라서 분리 이동이 가능하고 철거도 쉬웠어요. 해체한 뒤에 컨테이너뿐 아니라 의자와 지붕 같은 자재들을 카타르의 다른 시설을 짓거나 행사를 열 때 활용했고, 일부는 다음 월드컵이 열리는 나라에서 재사용될 거라고 해요. 이 친환경적인 아이디어는 월드컵 개최국들의 고민을 해결해 줄 뿐 아니라 건설 기간도, 비용도 줄여줬고, 건축 쓰레기와 탄소 배출도 줄여줬어요.

2000년 호주 시드니 올림픽의 경기장은 더욱 놀라워요. 경기장이 들어서 있는 홈부시 베이Homebush Bay는 본래 거대한 습지(160헥타르)로 지난 50년 동안 폐기물을 묻었던 쓰레기 매립지였어요. 호주 정부는 이 매립지를 정화하고 나무와 풀을 심어 생태공원으로 만들었어요. 그리고 이곳에 올림픽 경기장을 세웠어요.

경기장의 벽면은 페인트칠을 하지 않은 재생 벽돌을 쌓아 만들었고, 경기장 의자도 전체 25퍼센트 정도는 재활용품을 활용해 만들었어요. 책상과 선반 같은 임시 시설물은 재활용이 가능한 종이 소재로 만들었어요. 쓰레기 매립지에서 나오는 가스를 연료로 활용할 수 있도록 전력 발전시설을 갖추고, 자연에너지를 활용한 태양광 가로등도 세웠어요.

경기장 지하에는 대형 빗물 저장탱크를 만들고, 오수를 정화해 허드렛물로 이용할 수 있게 했어요. 각 방에는 물을 절약하는 절수 샤워기도 달았어요. 올림픽 경기에 참여한 선수와 관람객들은 사탕수수로 만든 접시, 옥수수로 만든 포크와 나이프 등 자연 재료로 만든 일회용품을 사용했어요. 이처럼 지구촌 대축제인 스포츠 경기를 친환경적인 행사로 만들기 위한 기발한 아이디어들이 세계 곳곳에서 등장하고 있어요.

① 위의 글을 읽고 친환경 건축물에 대한 자신의 생각을 말해보세요. 친환경 건축물이 되려면 가장 중요한 조건은 무엇인지, 몇 가지 우선순위를 정해서 발표해 보세요.

_____

_____

_____

② 만약 우리 학교 건물을 다른 용도의 건물로 재활용한다면 어떻게 바꾸고 싶나요? 건물의 목적과 용도를 간단한 설계도를 그려서 발표해 보세요.

_____

_____

_____

5

보존과 개발이 조화를 이룬 도시

생태도시

차 없는 도시, 폰테베드라

차 없는 도시가 등장했어요. 도시에서 자동차 없이 산다는 게 가능할까요? 매우 궁금하고 흥미롭지만 상상만 해도 너무 불편할 것 같다고요? 하지만 실제로 이런 놀라운 실험을 한 도시가 있어요. 스페인 북부 해안에 자리 잡고 있는 폰테베드라는 8만 4,000여 명이 사는 작은 도시예요. 산티아고 성지순례길이 지나고 있어서 여행자들이 즐겨 찾는 도시이지만 차 없는 도시로 더 유명해요.

1990년대 말 폰테베드라에는 10만 대나 되는 자동차들이 운행하고 있었고, 도시 중심부에는 출퇴근하는 자동차들이 하루에 2만 8,000여 대나 몰려들어 매우 혼잡했어요. 교통체증이 매우 심했을 뿐 아니라 자동차 엔진 소리와 빵빵거리는 경적음 같은 소음도 문제였어요. 자동차

매연 때문에 공기오염도 심했고 교통사고로 다치거나 죽는 이들도 많았어요. 특히 걸음이 느린 아이들과 노인들에게는 매우 위험한 도시였어요. 시민들은 기회가 되면 도심을 벗어나려고 애를 썼지요.

1999년 의사 출신의 로레스 시장은 건강한 도시를 만들겠다는 공약으로 당선되었는데, 취임하자마자 차 없는 도시 정책을 강력하게 추진했어요. 공공시설은 공중에게 평등하게 배분되어야 한다고 생각했던 로레스 시장은 도심에 있는 모든 공간을 시민들에게 돌려주기 위해서 자동차를 없애기로 결정했어요.

차 없는 도시를 만들려면 우선 공간 확보가 중요했어요. 도시에서 자동차들이 차지하고 있는 공간을 줄이고 교통사고도 줄여보기로 했어요. 도시 중심부에서 걸어서 10분 거리 지점까지를 차량 진입을 금지하는 구역(30만 제곱미터)으로 정하고, 이곳의 도로를 사람이 걷는 인도로 바꾸는 정책을 추진했어요. 넓은 길에서는 차도보다는 인도를 크게 만들고 좁은 길에서는 차도와 인도의 경계를 없애고 통합했어요.

도심으로 들어올 때는 도심 외곽에 자동차를 주차하고 걸어서 이동할 수 있도록 8만 5,000대를 수용할 수 있는 대형 무료 주차장을 만들었어요. 그리고 개인 자가용뿐 아니라 버스와 열차 등 모든 대중교통 수단이 도심에 진입하는 것도 금지했어요. 폰테베드라에 사는 시민들은 주로 걷거나 자전거를 타고 이동하고 아이들은 걸어서 학교에 가요. 덕분에 휠체어를 타거나 걸음이 느린 노약자에게도 편하고 안전한 도시가 되었

↳ 자동차가 사라진 거리를 한가롭게 걷고 있는 폰테베드라 시민들 ⓒ양흥모

└ 공해가 줄어든 놀이터에서 엄마와 아이들이 행복한 시간을 보내고 있다 ⓒ양흥모

어요. 교통사고는 점차 사라졌고 대기오염도 70퍼센트가량 줄었어요.

이렇게 도심의 교통량을 크게 줄였지만 모든 차량이 사라진 것은 아니에요. 일부 자동차는 도심에 들어갈 수 있어요. 상점에 필요한 물건을 옮기는 하역 차량, 우편물 배달 차량, 택시, 장애인 차량 등은 운행할 수 있어요. 하지만 이런 자동차들도 15분 정도 주차하여 볼일을 본 뒤에는 다시 운행해야 하고 시간이 초과되지 않도록 시에서 단속 카메라로 감시하고 있어요. 거리 곳곳에는 걸어서 5분 안에 갈 수 있는 길을 표기한 보행 노선도를 세웠고, 차량 진입 금지 지역에 불법주차한 차에는 최대

벌금 200유로를 부과하고 있어요. 시민들은 이 정책에 동참하기 위해 스스로, 또는 벌금을 피하기 위해 차 없이 걷는 것을 선택했어요.

처음에는 차 없는 도시가 불편하다며 반대하는 시민들이 많았어요. 로레스 시장은 걷는 사람들이 안전할 수 있게 더욱 많은 가로등을 밝히고, 걷다가 쉬어갈 수 있는 의자를 곳곳에 설치하고, 차도를 없애고 그 자리에 시민들을 위한 공원을 만들면서 차츰차츰 새로운 정책을 늘려갔어요. 시민들은 점차 차 없는 도시에 익숙해지고 새로 조성된 공간에서 편안함을 느끼면서 시의 정책에 호응하기 시작했어요.

차 없는 거리 정책을 20년 동안 일관되게 추진하면서 폰테베드라는 점점 걷는 사람들의 천국으로 거듭났어요. 깨끗하고 안전한 도시라는 인식이 생기자 이웃 도시에서 많은 사람들이 이사를 오면서 인구가 점점 늘었어요. 폰테베드라가 속해 있는 갈리시아 지방의 도시 대부분은 인구 감소를 고민하고 있지만 이곳의 인구는 반대로 1만 2,000여 명 정도가 늘었어요. 천천히 걷는 사람들이 늘어나면서 도시 중심지에는 활기가 넘치고 가게들의 수익이 높아지면서 도심 상권도 살아났어요. 관광객도 부쩍 늘었을 뿐 아니라 도시 규모도 30퍼센트 정도 더 커졌어요.

비가 내려도 걷기 좋은 도시, 시민들이 '이곳은 천국'이라고 말하는 도시 폰테베드라처럼 우리도 차 없는 도시를 만들어 보면 어떨까요?

생태도시

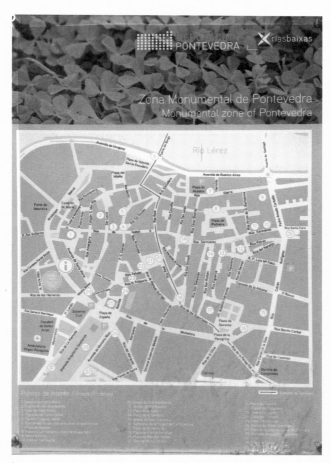

걸어서 5분 안에 갈 수 있는 길을 표기한 보행 노선도 ⓒ양흥모

세계의 환경수도, 프라이부르크

    독일 남서부에 있는 프라이부르크는 '세계의 환경수도'라고 불릴 만큼 다양한 환경 정책을 펴는 도시로 유명해요. 1974년 프라이부르크에서 약 30킬로미터 떨어진 독일과 프랑스, 스위스 접경지역에 원자력 발전소 건설이 추진되자 이를 반대하는 운동이 활발하게 일어났어요. 이 운동을 계기로 프라이부르크에는 다양한 환경단체가 결성되었는데, 원자력 발전소 반대운동이 마무리된 후 환경단체들과 프라이부르크시는 함께 협력하여 도시 전체를 환경정책의 전시장으로 만들기 시작했어요.

    가장 대표적인 사업은 태양 도시의 건설이에요. 원자력 발전소 반대운동으로 안전한 에너지에 대한 시민들의 관심이 높아졌기 때문이에요. 프라이부르크시의 소유이거나 시에서 영향력을 행사할 수 있는 건물에

└→ 프라이부르크 ⓒ픽사베이

는 에너지 절약 기준을 만들어 따르게 했고, 건물에서 에너지를 직접 생산할 수 있도록 태양광 패널을 설치했어요. 프라이부르크 중앙역에는 외벽에 240개 이상의 태양광 패널을 두른 솔라타워(높이 60미터)가 서 있어요. 축구 경기장과 호텔, 학교 기숙사, 병원, 연구소 등 다수의 건물에서 태양광 패널로 에너지를 생산하고 있고, 주택단지에 태양광 패널을 설치한 곳은 셀 수 없을 만큼 많아요.

태양 에너지를 늘리기 위한 도시의 노력이 계속되자, 태양 에너지 관련 전문기관과 연구기관, 산업체 등도 도시에 모여들었고, 태양전지 패널을 만들어 판매하는 솔라패브릭 공장도 세워졌어요. 태양 에너지 전문 건축가 롤프 디쉬가 설계한 '헬리오트룹'은 태양을 따라 360도 움직이는 건물로 유명해요. 친환경 생활을 하는 사람들이 공동체를 이루어 살고 있는 보봉 생태주거단지도 유명한데, 이곳 역시 태양 에너지를 생산하고 있어요. 이렇게 프라이부르크는 태양광 발전뿐 아니라 소수력 발전, 열병합 발전 같은 신재생 에너지 생산을 늘려가면서 원자력 발전과 화력 발전의 비율을 꾸준히 줄여나갔어요.

프라이부르크 시내에는 순환 수로와 바람의 통로 등 친환경 도시를 위해 설계된 구조물들이 많아요. 도시의 높은 곳에서 낮은 곳으로 물이 자연스럽게 흐르게 설계한 수로(베히레)는 골목 곳곳으로 연결되어 있어요. 이 수로는 총길이 8.9킬로미터이고, 수로의 폭은 30센티미터 정도로 좁은 편이지만 도시의 온도를 조절하고 깨끗한 환경을 유지해 주는 역

↳ 프라이부르크 보봉 마을에 있는 주상 복합 건물로 에너지 소비를 최소로 줄이고 지붕의 태양광 패널에서 전기를 생산하는 상업용 플러스에너지빌딩 ©조회은

↳ 태양을 따라서 360도로 움직이는 헬리오트롭 ©조회은

↳ 도시의 온도를 조절하는 프라이부르크의 수로 ⓒ조희은

생태도시

할을 하고 있어요.

프라이부르크는 제2차 세계대전 당시 도시 건물의 약 80퍼센트가 파괴될 정도로 큰 피해를 입었는데, 그 후 건물을 재건할 때 전통적인 방식을 사용해 수백 년간 이어온 유서 깊은 건물의 모습을 그대로 복원할 수 있었어요. 또 새 건물을 지을 때는 도시의 건축 계획을 적절히 통제해 자연스러운 바람길을 만들고, 도시에 맑은 공기가 머물 수 있도록 도시의 대기 정화도 유도하고 있어요.

교통정책도 새롭게 바꿨어요. 프라이부르크는 1970년대에 자동차가 급격하게 늘어나면서 심각한 교통체증에 시달렸어요. 그러자 도심을 달리는 자동차의 속도를 시속 30킬로미터로 제한하고, 점차 차량 통행을 금지하며 걷는 사람들을 위한 정책을 추진했어요. 자전거 주차장과 자전거 전용도로를 만들어 자전거 천국을 만들고, 버스와 노면전차(도로상의 일부에 부설한 레일 위를 주행하는 전차) 시스템도 차츰차츰 정비해 갔어요.

자동차 이용률을 줄이기 위해 대중교통 요금도 대폭 내렸어요. 도심 반경 50킬로미터 내를 달리는 국철, 버스, 노면전차 등 대부분의 대중교통을 환경정기권(레기오카르테)으로 이용할 수 있게 했는데, 이는 기존 대중교통 요금의 약 60퍼센트에 불과해요. 이렇게 낮은 요금으로 대중교통을 타고 도시 곳곳을 자유롭게 다닐 수 있어요. 또 자동차의 차량 속도 제한을 강화하고 주차 요금을 높이는 정책도 추진하여 자동차 이용률을 낮추고 자전거나 대중교통을 쉽게 이용하게 만들었어요. 1950~70년

대까지 프라이부르크의 자동차 수는 독일 전체 평균보다 훨씬 높았지만 1970년대 초부터 대중교통 중심의 교통정책으로 전환하면서 자동차 보유율이 독일 평균보다 23퍼센트나 낮아졌어요.

프라이부르크 시내에 있는 호수공원에는 환경교육센터(외코스타치온)가 있는데, 이곳에서 다양한 환경교육을 하고 있어요. 생태건축으로 지은 이 건물은 나무와 흙으로 만들었고 태양열 온수기와 태양광 패널도 설치되어 있어요. 온 가족이 함께 숲 체험, 수공예품 만들기, 쓰레기 분리수거 교육 등의 프로그램을 즐길 수 있고, 학생들은 이곳에서 동식물을 관찰하고 채소를 재배하는 등의 체험학습도 경험할 수 있어요. 또 생태정원(비오가르텐)에서는 음식물 쓰레기를 이용한 자연 퇴비화와 무농약 유기농업 등으로 채소와 꽃을 길러요.

이처럼 프라이부르크는 태양광 산업과 친환경 정책으로 지역 경제를 살리고 환경도 보호하여 세계의 환경수도로 유명해졌고, 많은 이들이 도시의 기발한 아이디어를 배우기 위해 이곳을 즐겨 찾고 있어요.

생태도시

15분 도시, 파리

많은 사람이 모여 사는 도시는 정치와 경제, 문화의 중심지가 되고, 다양한 실험과 변화 역시 도시를 중심으로 일어나고 있어요. 기후위기와 에너지 과소비, 쓰레기 문제 등 많은 환경문제를 해결하려면 도시가 바뀌어야 한다는 목소리가 점점 높아지고 있어요. 그러자 생태도시를 표방하는 도시들도 등장하기 시작했지요.

생태도시는 현대 도시에서 일어나는 환경문제를 극복하기 위해 등장한 개념이에요. 생태도시는 도시를 하나의 생태계로 생각하고 도시의 구조와 다양한 활동을 자연생태계와 가깝게 설계하여 인간과 환경이 조화를 이루는 도시를 말해요. 생태도시의 시작은 1898년 영국의 도시계획가인 에버니저 하워드Ebenezer Howard가 제시한 전원도시예요.

전원도시는 도시의 생활환경을 전원적인 분위기로 조성하여 쾌적한 생활을 할 수 있는 이상적인 자립 도시를 말해요. 영국에서 산업혁명이 일어난 이후, 런던을 비롯한 도시에 인구가 점점 집중되면서 생활환경이 매우 열악해졌어요. 이런 문제를 해결하려면 도시와 전원을 융합한 도시가 이상적이라고 생각한 것이죠. 인구 3만 명가량이 사는 전원도시는 도시가 토지를 소유하고 개인은 이를 임대해 사용하는 토지 공개념 제도를 따르고 있어요. 에버니저 하워드는 도시 주변에 대농장과 목초지 등 넓은 농업지대를 만들어 식량을 자급자족할 뿐 아니라 도시의 확장도 막아야 한다는 이론을 제시했어요.

이 이론을 바탕으로 만든 영국 최초의 전원도시는 레치워스Letchworth예요. 런던 북동쪽 외곽에 있는 이 도시는 1903년 대저택(1,550헥타르)을 사들여서 기존에 자라고 있던 나무를 훼손하지 않으면서 주거 지역과 상업 지역을 만들었고, 도심 외곽에는 그린벨트를 조성했어요.

이후 1980년대에 들어서면서 환경문제가 심각해지자 세계 곳곳에서 환경 보전과 개발의 조화를 위해 생태도시를 만들려는 움직임이 늘었어요. 도시를 하나의 유기적 복합체로 보고, 인간과 자연이 공존할 수 있도록 도시의 공간을 꾸미고 시민들이 쾌적하게 살 수 있는 방법을 찾기 시작했어요. 브라질의 쿠리치바, 독일의 슈투트가르트, 영국의 밀턴 케인스 등 여러 도시들이 살기 좋은 도시를 만들기 위해 생태도시를 목표로 다양한 노력을 기울였어요.

생태도시

생태도시는 숲과 강, 호수, 공원 같은 녹지의 보전, 에너지와 자원의 절약, 물 절약, 쓰레기 줄이기와 자원 재활용, 친환경 교통 등을 실현하기 위해 노력해요. 생태도시는 환경도시, 녹색도시, 전원도시, 자족도시, 순환형 도시, 지속 가능한 도시 등 다양한 용어를 쓰기도 해요.

2000년대 들어서는 저탄소 녹색도시를 표방하는 도시가 등장했어요. 온실가스를 배출하면서 생겨난 기후변화 문제를 적극적으로 해결하기 위해 탄소 배출을 최대한 줄이고 발생하는 탄소를 최대한 흡수하기 위해 노력하는 도시예요. 우리나라에서는 제주도와 순천시, 수원시, 안산시, 울산시, 창원시 등이 친환경 정책을 적극적으로 추진하고 있어요. 이처럼 거대하고 복잡한 도시가 변하기 시작한다면, 환경문제를 비롯한 여러 사회문제를 한결 빨리 해결할 수 있지 않을까요?

한편, 프랑스의 수도 파리는 '15분 도시' 정책을 시행하고 있어요. 15분 도시는 15분 안에 갈 수 있는 거리에 거주와 업무, 건강, 학습, 여가, 생활 서비스까지 생활에 꼭 필요한 여섯 가지 요소를 모두 갖춘 도시를 말해요. 이곳에서는 자동차를 타지 않고도 도보나 자전거로 15분 내에 학교나 직장에 갈 수 있어요. 또 상점에서 물건을 사는 것, 병원을 이용하는 것, 문화생활을 즐기고 스포츠 활동을 하는 것 등 모든 일을 집으로부터 15분 거리 내에서 해결할 수 있어요.

15분 도시 정책은 2020년 이달고 시장이 파리시장에 재선되었을 때 내걸었던 주요 공약이었어요. 이달고 시장은 파리의 도로 대부분에

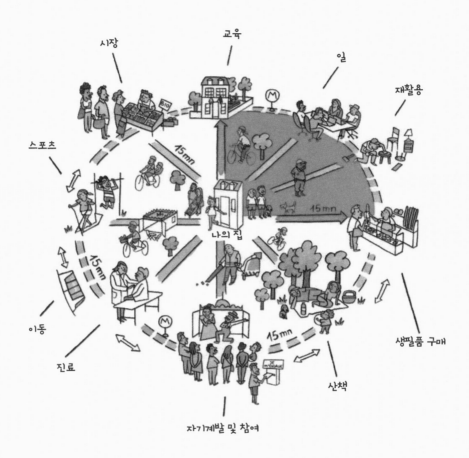

시장   교육   일   재활용

스포츠

15mn

15mn

나의 집

이동

15mn

진료

15mn

생필품 구매

산책

자기계발 및 참여

↳ 파리의 15분 도시 개념도 ⓒ파리시

생태도시

서 차도를 줄이고 인도와 자전거 도로를 넓혔어요. 파리 시내에 자전거 도로 1,200킬로미터를 새로 만들었고, 2026년까지 모든 골목길에 차도와 구분된 자전거 도로를 만들 예정이라고 해요. 또 도로의 로터리를 U자형 광장으로 리모델링했고, 센강과 샹젤리제 거리를 걷는 사람들에게 편리한 공간으로 꾸몄어요.

이처럼 15분 도시에서는 자동차를 소유하지 않아도 편리하게 생활할 수 있어요. 자신이 살고 있는 곳과 가까운 공간에서 다양한 생활 서비스를 누릴 수 있으니 굳이 자동차를 타고 멀리 이동할 필요가 없기 때문이죠.

파리 북서쪽 17구의 클리시-바티뇰Clichy-Batignolles 신도시는 예전에 철도가 지나가면서 '클리시'와 '바티뇰' 두 도시로 단절되어 있었어요. 이곳을 인도와 자전거 도로로 연결하여 시민들이 공원과 공유 오피스, 어린이집, 학교, 체육관 등을 쉽게 이용할 수 있게 했어요. 파리 7구에 위치한 옛 국방부 건물은 시민들이 다목적 서비스를 이용할 수 있는 공공 멀티플렉스 공간으로 변신했어요. 공동주택(254가구)이 들어섰고 어린이집, 체육관, 스포츠홀, 옥상 녹지공간 등을 새롭게 지어서 한 공간에서 여러 서비스를 이용할 수 있게 만들었어요. 이렇게 도시 곳곳에서 많은 예산을 들여서 새 건물을 짓기보다 기존에 있던 관공서나 대형 창고를 리모델링하면서 더 많은 시민이 이용할 수 있는 공간으로 만들고 있어요.

동네 가까이에 있는 어린이집과 유치원, 초등학교, 중학교는 시민을 위한 평생교육의 장소로 활용하고 있어요. 이곳의 운동장과 정원을 공원처럼 녹색 공간으로 꾸며서 방과 후 시간에는 시민들이 자연을 가까이 즐길 수 있게 하고, 주말과 방학 기간에는 시민들의 쉼터로 개방해요. 또 시민들을 위한 다양한 프로그램도 운영해요. '학교는 교육을 하는 곳'이라는 생각에 갇히지 않고 학교를 모든 시민에게 활짝 열린 공간으로 만들어서 그 지역 사람들이 모이는 중심이 되게 하고 있어요.

학교뿐 아니라 공원과 녹지도 더욱 많이 만들고 있는데, 도시 곳곳에 녹색 공간을 가꾸면 기후위기를 극복하는 데도 도움이 될 수 있어요. 회사는 출근하지 않고 집에서 일하는 재택근무를 장려하고 공유 오피스도 늘리고 있어요. 재택근무를 하거나 집 근처의 공유 오피스에서 일하면 동네에서 식사를 하고, 장을 보고, 교육을 받고, 운동도 하는 게 가능해져요. 이렇게 공간을 재활용하고 재분배하여 시민들이 다양하게 이용할 수 있게 만들고 있어요.

이달고 파리시장이 도시 정책으로 적극 추진한 15분 도시는 카를로스 모레노 교수(프랑스 소르본대학)가 설계한 도시 개념이에요. 모레노 교수는 15분 도시를 세 가지 개념으로 설명하고 있어요.

첫째, 도시에 새로운 리듬을 만들어요. 자동차와 도로는 줄이고 자전거와 보행자의 길을 늘려서 도시의 시간의 흐름을 바꾸어요. 그래서 시간에 쫓기지 않고 여유 있고 느긋하게 살 수 있어요.

둘째, 하나의 장소를 다양한 기능으로 바꿔서 활용해요. 재택근무가 늘어나면서 이용이 줄어든 사무실을 주택으로 바꾸고, 일과 시간 후에는 학교와 공공건물을 주민 복지와 여가 생활을 위한 공간으로 만들어요.

셋째, 사랑할 수 있는 도시를 만들어요. 시민들은 가까이 살면서 자주 만나고 도시 공간과 거리, 광장을 사랑하게 돼요.

이처럼 15분 도시는 비용을 들이지 않거나 적은 비용으로 도시를 바꿀 수 있는 방법이에요. 이런 정책을 통해서 파리를 친환경 도시이자 경제적인 도시, 사람들이 쉽게 모일 수 있는 사회적인 공간으로 만들고, 결과적으로 시민들의 삶을 풍요롭게 하는 생태도시로 만드는 것이 목표라고 해요. 이런 파리의 정책은 세계의 다른 도시에도 좋은 영향을 미치고 있어요.

어때요? 이런 도시의 신선한 실험이 뭔가 좋은 변화를 이끌어낼 것 같지 않나요? 많은 사람들이 모여 사는 도시에서는 다양한 일들이 일어나고 있고, 도시의 움직임은 우리 사회에 큰 변화를 만들어내고 있어요. 지구촌의 많은 도시들은 도시에서 발생하는 여러 환경문제를 해결하기 위해 다양한 실험과 노력을 하고 있어요. 도시를 살리는 아이디어가 곧 지구를 살리는 기발한 아이디어로 꼬리에 꼬리를 물고 이어지고 있어요. 이렇게 큰 영향을 미치는 도시의 변화가 지구를 더욱 건강하게 만들수 있지 않을까요? 그렇다면 내가 사는 도시를 더욱 살기 좋은 공간으로 가꾸기 위해 어떤 놀라운 아이디어를 제안할 수 있을까요?

음식으로 지구를 살려볼까요?

공유 냉장고를 본 적 있나요? 수원시 곳곳에는 공유 냉장고가 있어요. 동네 카페 앞이나 주민 공동 이용시설 등 42곳(2023년 4월 기준)에 놓여 있는 이 냉장고에는 채소와 과일, 반찬 등 먹을거리가 들어 있는데, 누구나 먹을거리를 넣어둘 수 있고 누구나 가져갈 수 있어요.

우리 집에 가족들이 다 먹을 수 없을 만큼 많은 음식이 있다면 공유 냉장고에 기증할 수 있어요. 신선한 채소와 먹을거리를 판매하는 가게에서 미처 다 판매하지 못한 식재료를 기증하기도 하고, 반찬 가게와 식당에서 남은 음식을 기증하기도 해요.

못생겨서 안 팔린 과일과 흠집이 조금 생겨서 상품 가치가 없는 과일, 유통기한이 얼마 남지 않은 식재료 등 다양한 음식들이 공유 냉장고로 들어오고 있어요. 채소와 과일, 반찬, 통조림 같은 가공식품뿐만 아니라 냉동식품도 기증할 수 있지만 유통기한이 2일 이내로 남은 음식물이나 술, 약품, 건강보조식품, 불량식품 등은 기증할 수 없어요.

이 공유 냉장고는 갑자기 형편이 어려워진 사람이나 홀로 사는 어르신 등 형편이 넉넉지 않은 사람들이 주로 이용하고 있다고 해요. 버리면 음식물 쓰레기가 되지만 공유 냉장고를 활용하면 누군가에게는 소중한 먹을거리가 될 수 있어요. 공유 냉장고는 독일에서 처음 시작됐는데, 전 세계 식량의 50퍼센트가 버려진다는 유엔의 발표를 본 독일의 환경운동가들이 마을에 냉장고를 설치하여 버려지는 음식물을 줄이고 따뜻한 나눔도 할 수 있게 했어요.

한편, 브라질의 쿠리치바는 다양한 환경 정책으로 유명한 환경도시예요. 쿠리치바의 빈민 지역에 사는 사람들은 종이와 유리병, 플라스틱, 깡통, 폐식용유 같은 재활용품을 모으면 감자나 고구마, 양파, 상추, 바나나 같은 식품으로 바꿀 수 있어요.

재활용 쓰레기를 수거하는 트럭과 식품을 전해주는 트럭이 보름에 한 번씩 빈민가를 찾아와요. 주민들이 재활용 쓰레기 4킬로그램이나 폐식용유 2리터를 모아 오면 채소나 과일 1킬로그램으로 바꿀 수 있는 교환권을 나눠줘요. 채소와 과일은 쿠리치바 외곽 지역의 농가에서 재배한 것인데, 상품 가치가 조금 떨어지는 것을 싼값에 사서 나눠준다고 해요. 수거한 재활용 쓰레기는 시에서 운영하는 재활용 공장에서 종류별로 분류한 후 민간업체에 판매하여 재활용해요.

이 정책은 1992년부터 시작됐는데, 쓰레기가 여기저기 버려져서 지저분했던 동네가 이후에는 깨끗해졌다고 해요. 쿠리치바 사람들에게 쓰레기는 무조건 버려야 할 것이 아니라 식품으로 바꿀 수 있는 소중한 자산이 되었어요. 이처럼 우리가 먹는 음식으로도 도시를 건강하게 만들고, 지구를 살릴 수 있어요.

① 위의 글을 읽고 자신의 생각을 말해보세요. 음식을 활용한 방법 외에도 생태도시에 필요한 기발한 아이디어를 찾아서 발표해 보세요.

_____

_____

_____

② 우리 마을을 생태도시로 가꾸려고 해요. 우선 마을의 지도를 그리고 어떤 곳을 친환경 공간으로 꾸미고 싶은지 구체적인 아이디어를 적용해 보세요. 그리고 내가 꿈꾸는 생태도시는 어떤 모습인지 상상해 보세요.

_____

_____

_____

6

자연과 지역공동체를 살리는 여행

생태여행

금강송이 자라는 숲

　금강소나무를 본 적 있나요? 나무와 흙으로 기와집과 초가집을 지었던 조선시대에는 단단한 소나무를 최고의 목재로 여겼어요. 소나무에서는 천연 방부제인 송진이 나와서 벌레가 생기거나 잘 썩지 않아 목재로 쓰기에 가장 좋아요. 이 소나무 중에서도 가장 으뜸으로 치는 것은 바로 금강송이에요. 하늘을 향해 곧게 자라는 금강송은 궁궐이나 대감댁 같은 큰 한옥을 지을 때 사용하는 목재였어요.

　경북 울진군 금강송면 소광리와 두천리 일대의 깊고 울창한 숲에는 수령 100~500년이 넘는 금강송이 하늘을 향해 곧게 뻗어 있어요. 이 지역은 국가(산림청)에서 특별 관리하는 산림유전자원보호구역으로, 우리나라에서 가장 우수한 소나무를 매우 엄격하게 보호하고 있어요.

└→ 울진의 금강소나무숲길 ⓒ박경화

산 능선이나 경사진 바위틈 같은 척박한 조건에서도 깊게 뿌리 내려 자라는 금강송은 다른 지역의 나무와는 달리 결이 곱고 광택이 나고, 키가 크고 잘 뒤틀리거나 휘어지지 않아요. 나이를 먹을수록 나무껍질이 얇고 붉어져서 적송赤松이라고 부르며, 늘씬하게 뻗은 모양을 여인에 비유하여 미인송美人松이라고도 했어요.

일제강점기에는 이 나무를 베어 외지로 실어 나르기 위해 봉화군 춘양읍에 철도를 연결하여 춘양역에서부터 실어 날랐는데, 이 지역의 이름을 따서 춘양목이라고도 불렀어요. 조선시대 숙종 때에는 이 일대의 소나무를 함부로 베지 못하도록 일종의 벌목 금지 경고판인 황장금표黃腸禁標를 바위에 새겼는데, 지금도 이 바위가 남아 있어요.

이곳은 멸종위기종인 산양의 서식지예요. 예전에는 전국 곳곳에 산양이 살고 있었으나 이제는 비무장지대와 양구·화천, 설악산·오대산, 월악산·속리산, 울진·삼척 지역에만 겨우 살고 있어요. 산양은 멸종위기종 1급으로 천연기념물 제217호로 지정하여 보호하고 있는데, 울진 지역에는 우리나라 산양 개체수의 10퍼센트 정도(2019년 조사 126마리)가 살고 있어요. 첩첩산중 울창한 숲과 바위가 있는 맑은 계곡, 우수한 자연생태계는 산양을 비롯한 야생동물들이 먹이를 구하고 편안한 보금자리를 만들어 살기에 최적의 환경이니까요.

이처럼 지금은 좋은 환경을 갖춘 숲이지만 다양한 목적을 가진 사람들이 찾아들면서 언젠가 개발의 손길이 뻗어올 수 있어요. 무분별한 개

┗→ 금강송 아래 산양 서식지에 있는 산양 똥자리 ⓒ박경화

↳ 금강소나무숲길을 걷는 사람들 ©박경화

발을 막고 자연생태계를 그대로 보존하면서 지역공동체도 잘 유지할 수 있는 방법은 무엇일까요? 그것은 바로 누구나 걸으면서 자연을 온전히 느낄 수 있는 길을 만드는 것이었어요.

경북 울진군에는 여행자들이 걸으면서 자연을 온전히 느낄 수 있는 길이 구불구불 이어지고 있어요. 바로 금강소나무숲길이에요. 산행에 필요한 등산화, 배낭 등을 챙기면 누구나 이 길을 걸으면서 금강송의 향기를 느끼고 산양 서식지의 소중함을 이해할 수 있어요. 거대한 금강소나무 수만 그루가 자라고 있는 울진 금강소나무숲길에 대해 좀 더 알아볼까요?

열두 고개를 넘는 십이령길

이 길은 본래 보부상들이 다니던 옛길이에요. 도로가 뚫리기 전에는 바닷가 울진에서 내륙지방으로 갈 수 있는 가장 빠른 길이었어요. 조선시대 봇짐장수(보상)들은 비녀와 댕기, 분통, 얼레빗 등을 방물고리에 담아 멜빵에 매고, 등짐장수(부상)들은 생선과 소금, 목기, 토기 등을 지게에 지고 경북 울진과 봉화 등을 오가며 장사를 했어요. 가장 빠른 길로 가려면 12개나 되는 고개를 부지런히 넘어야 해서 이 길을 십이령길이라 불렀어요. 이후 보부상들은 선질꾼(지게꾼)으로 바뀌었는데 이들은 울진장과 죽변장, 흥부장에서 미역과 간고등어, 각종 어물, 소금 등을 지고 십이령길을 넘어 내륙지방인 봉화의 소천장 등에 가서 팔고, 다시 쌀과 보리, 옷감, 담배 등을 지고 이 길을 힘겹게 넘었어요.

금강소나무숲길을 걸으며 이런 역사와 문화가 담긴 옛이야기를 느낄 수 있어요. 이 길을 걷다 보면 보부상의 은공을 기리는 비석과 비각(울진 내성행상불망비)을 만날 수 있고, 보부상들이 안전과 번영을 기원했던 조령 성황사, 큰넓재의 화전민 독가촌, 600살로 추정되는 대왕소나무, 병정소나무와 부채소나무, 문화재 보수와 복원을 위해 특별히 지정한 문화재용 목재 생산림(4,137그루)도 만날 수 있어요. 특히 오염되지 않은 맑은 계곡과 오래된 숲을 바라보면서 보부상과 야생동물이 함께 걸었던 오솔길을 관찰하는 즐거움도 빼놓을 수 없지요.

이 길을 걸을 때는 몇 가지 원칙이 있어요. 반드시 미리 예약하여 지역 주민의 안내와 해설을 들으며 걸어야 해요. 금강소나무숲길은 총 5개 코스로 다양한 볼거리가 있는데, 구간별로 하루 탐방 인원을 80~100명으로 제한하는 탐방 예약제를 운영하고 있어요. 탐방 인원수는 숙소와 식사, 해설자 등을 지역 주민들이 감당할 수 있는 범위 내에서, 숲과 야생동물에게 미치는 영향을 고려하여 결정했어요.

이 길에는 가게나 식당, 샘터, 마을로 이어지는 탈출로가 없어요. 그러나 걱정하지 마세요. 부지런히 걷다 보면 지역 주민들이 땀 흘려 가꾼 농산물로 지은 맛있는 점심을 실은 밥차가 달려와요. 방금 지은 따뜻한 식사는 지역 분들의 손맛이 곁들여져 순식간에 한 그릇을 뚝딱 비울 정도로 맛있어요. 하룻밤 쉬어가려면 지역 주민들이 운영하는 공동 숙소와 민박 등을 이용할 수 있어요.

↳ 울진의 두천리 주민들이 직접 농사지은 농산물로 따뜻한 밥을 지어서 밥차에 싣고 온다 ©박경화

↳ 울진 두천리 주민들이 운영하는 민박 ©박경화

이처럼 여행자들이 지불한 식사비와 숙박비, 농산물과 산나물, 기념품 등을 구입한 비용은 고스란히 지역 주민들에게 돌아가요. 주민들은 이 수익으로 힘을 얻고 일부를 마을 공동기금으로 모아서 지역공동체를 살리고 숲을 지키는 데 사용해요.

이 길을 걷다 보면 돌계단과 징검다리가 나타나는데, 숲에 있던 돌과 나무를 그대로 이용하여 이질감이 들지 않도록 했고, 안내 표지판도 나무 같은 자연 재료를 이용해 여행자들이 길을 찾을 수 있도록 적당한 크기로 만들었어요. 이런 기발한 아이디어는 환경단체인 녹색연합과 산림청, 울진군, 지역 주민들이 지혜를 모은 결과로, 3년 동안 공들여 조사하고 연구하면서 멋지게 실현됐어요.

하루 탐방 인원을 제한하긴 했지만 계속해서 많은 사람이 숲을 찾았을 때 자연과 산양에 어떤 영향을 미치는지를 알아보기 위해 환경단체는 꾸준히 산양 모니터링 조사를 해요. 다치거나 밀렵 도구에 걸린 산양을 발견했다는 신고가 들어오면 지역 주민들이 활동하는 한국산양보호협회 울진지회 회원들이 곧장 출동해 산양이 안전하게 치료받을 수 있도록 노력하고 있어요. 자연과 사람이 함께 살아가는 진정한 공존법, 이런 선택이 정말 놀랍지 않나요?

개발보단 보전으로, 순천만 갯벌

이처럼 자연과 사람을 함께 생각하면서 떠나는 여행을 생태여행 또는 생태관광이라고 해요. 주말이나 방학, 휴가가 다가오면 사람들은 여행을 준비해요. 지친 일상에서 벗어나 탁 트인 자연을 바라보면서 피로를 풀고 마음의 여유와 안정감을 얻고 싶어져요. 평소에 동경하던 곳에서 아름다운 풍경과 색다른 풍물을 즐기고, 새로운 문화를 배우기도 하지요.

생태여행은 신비로운 자연을 바라보면서 자연생태계의 소중함을 깨닫고 자연과의 교감을 통해서 지친 몸과 마음을 달래는 여행이에요. 또 여행자의 즐거움뿐 아니라 그곳을 터전으로 삼고 살아가는 자연의 생명들을 지키고, 지역 주민들에게도 도움이 되는 공존 여행이에요. 우리가 지구에서 서로 도우며 함께 살아가는 존재라는 것을 스스로 느끼는 생태 감수성도 키울 수 있어요.

생태관광이라는 용어는 1965년 미국의 학자인 헤쳐Hetzer가 '관광이 개발도상국에 미치는 영향'을 비평하는 글에서 생태적 관광ecological tourism을 제안하면서 처음 썼다고 해요. 이후 1980년대 후반에 미국 관광업계가 자연으로 떠나는 생태관광을 시작했고, 1990년 6월 국제기구인 미주여행업협회ASTA가 뉴욕에서 열린 관광환경회의에서 '생태관광 Ecotourism'이라는 용어를 공식적으로 사용했어요.

1998년 7월 유엔총회에서 전 세계적으로 생태관광의 중요성을 인식시키기 위해 2002년을 '세계 생태관광의 해'로 지정하면서 더욱 널리 알려지게 되었어요. 우리나라는 정확히 알 수 없지만 1990년대 초 무렵 생태관광 개념이 도입되기 시작했고, 2002년 제주도에서 생태관광포럼을 처음으로 열면서 시민운동가들을 중심으로 생태여행이 시작되었어요.

우리나라에서 생태여행지로 알려진 곳은 많지만, 그중 자칫 사라질 뻔했던 자연환경을 보존하기로 결정하면서 더욱 유명해진 곳이 있어요. 전남 순천시에 있는 순천만 갯벌은 남해안의 여수반도와 고흥반도 사이에 자리 잡고 있는데, 이 광활한 갯벌에는 빼곡하게 자라는 갈대밭과 칠면초 군락, 갯벌 가운데 S자 모양으로 흐르는 수로 등이 멋진 해안 풍경을 이루고 있어요.

이 갯벌은 239종이나 되는 다양한 새들의 보금자리인데, 이 중 겨울

└ 순천만 갯벌의 가을 ⓒ박경화

↳ 아름다운 순천만 갯벌을 즐기기 위해 많은 사람들이 찾아온다 ⓒ박경화

이면 흑두루미(천연기념물 제228호)가 찾아오고 있어요. 머리와 목은 희고 나머지 부위는 검은색인 흑두루미는 두루미 중에서도 가장 신비로워요. 순천만 갯벌은 우리나라에 마지막으로 남아 있는 흑두루미의 월동지라서 더욱 가치가 높아요.

이 외에도 재두루미, 검은목두루미, 노랑부리저어새, 검은머리갈매기 등 다양한 물새들이 겨울을 나기 위해 찾아오고, 봄가을이면 민물도요, 청다리도요, 알락꼬리마도요, 흰물떼새 같은 수많은 도요물떼새들이 시베리아와 호주를 오가는 길에 중간 기착지로 즐겨 찾고 있어요.

한때 순천만 갯벌은 개발 위기에 놓여 있었어요. 1992년 순천만 상류에 동천 정비 계획의 하나로 골재채취 사업이 추진되었어요. 그러자 순천의 시민단체들이 순천만을 지키기 위해 힘을 모았어요. 1997년부터 시민들은 골재채취 사업 반대운동을 벌이면서 순천만이 얼마나 가치 있는 곳인지를 열심히 알리고, 흑두루미를 비롯하여 갯벌에 깃들어 사는 생명들을 관찰하고 기록하는 모니터링 활동을 꾸준히 했어요.

그러자 순천시는 개발 계획을 포기하고 순천만을 적극 보전하기로 결정했어요. 2003년 순천만을 습지보호구역으로 지정하고 습지에 대한 이해를 도와주는 순천만 자연생태관도 건립했어요. 순천만 중심에 있던 음식점은 철새 탐조대로 리모델링했고, 주변 논에서 벼농사를 짓던 농민들을 설득하고 협의하여 새들의 쉼터인 물새 습지를 만들고 철새 쉼터도 마련했어요.

이런 보호 활동으로 순천만을 찾아오는 흑두루미가 350여 마리로 늘어났어요. 그런데 들판에 서 있는 전봇대에 걸린 전깃줄에 새들이 걸려 다치거나 죽는 일이 잦았어요. 그러자 순천시에서는 전봇대(282개)를 뽑고 전깃줄(1,200미터)을 철거했어요. 논에는 새들에게 위협이 되는 농약을 치지 않고 친환경 농법으로 벼농사를 짓고, 벼 이삭이 떨어져서 새들의 먹이가 될 수 있도록 벼 베기 시기를 늦추기도 했어요. 또 수확한 벼의 일부는 새들에게 먹이로 줬어요. 이런 노력들이 알려지면서 순천만 갯벌은 누구나 한 번쯤 찾고 싶은 생태관광지로 유명해졌어요.

이렇게 우리나라에서 생태여행을 즐길 수 있는 곳은 전국 곳곳에 있어요. 환경부는 자연환경이 잘 보전되어서 생태여행이 가능한 대표적인 여행지 29곳을 생태관광 지역(2022년 기준)으로 선정했어요. 제주 동백동산습지, 서귀포 효돈천·하례리마을, 고창 고인돌·운곡습지, 양구 DMZ, 강릉 가시연습지·경포호, 울진 왕피천 계곡, 창녕 우포늪, 울산 태화강, 백령도 하늬해변과 진촌마을 등 모두 개성 넘치는 지역들이에요.

생태관광 지역에서는 지역 주민들이 여행자들을 위해 생태 가치가 높은 자연생태계에 대해 해설하고, 만들기와 요리 등 각종 체험과 마을의 특징을 살린 프로그램을 여는 등 지역의 역사와 문화를 살린 생태관광 프로그램을 운영하고 있어요. 이 외에도 국립공원과 지질공원, 람사르 습지, 생물권보전지역 등 빼어난 자연환경을 갖추고 있고 멸종위기종을 비롯한 다양한 생명들이 살고 있어서 보호지역으로 지정된 곳에서도 생태여행을 즐길 수 있어요.

순천만 갯벌처럼 개발 위기를 겪으면서 생태 가치가 더욱 주목받아 보전 운동이 활발하게 일어난 곳도 좋아요. 이 지역이 생태적으로 어떤 가치가 있고 시민들이 왜 이곳을 지키기 위해 수년 동안 노력했는지를 생각해 보는 여행도 의미 있어요. 보전 운동이 활발히 진행 중인 곳이라면 여행자들이 찾아가서 이야기를 들어주는 것만으로도 큰 힘이 될 수 있어요.

전북 군산 앞바다에서는 바다 한가운데 거대한 방조제를 지으며 대규모 갯벌 매립이 수십 년간 진행되고 있어요. 이 새만금 갯벌에는 여전히 철새들과 수많은 갯벌 생명들이 깃들어 살고 있어요. 시민들(새만금 시민생태조사단)은 까마득하게 넓은 갯벌에 살고 있는 철새와 수생식물 등을 20년 넘게 꾸준히 관찰하고 기록하는 활동을 해왔어요.

한강과 금강, 낙동강, 영산강까지 우리 땅을 굽이굽이 흐르는 물줄기를 막는 대규모 보를 설치하여 수질오염에 대한 논쟁이 뜨거웠던 4대강도 생태여행지로 빼놓을 수 없어요. 우리나라의 대표적인 이 강들은 물고기의 보금자리예요. 강 주변의 거대한 습지는 철새들의 서식지로 가치가 높고 인근 도시와 마을, 그리고 논밭에 맑은 물을 공급하는 매우 중요한 수원이기도 해요. 우리가 맑은 물을 마시고 이용하려면 강을 어떻게 지켜야 하는지를 생각해 볼 수 있는 의미 있는 여행이 될 거예요.

이 외에도 동강댐 반대운동이 격렬하게 일었던 강원도 영월의 동강, 두꺼비 살리기 운동이 벌어졌던 충북 청주의 원흥이 방죽, 인근 공장 지역에서 배출한 오염물질 때문에 심하게 오염되었다가 시민들의 보전 운동으로 되살아난 경기도 안산시의 시화호 등도 우리나라 환경운동의 역사에서 매우 의미 있는 곳이에요.

여행을 즐기는 몇 가지 원칙

누구나 아름다운 자연을 보면서 감탄하고, 창문을 열면 숲이 보이는 곳에서 살고 싶어 해요. 그러나 경제적 이익을 생각하면서 숲이나 갯벌 같은 자연환경의 보전보다 개발을 우선시하기도 해요. 또 본래의 원시림을 잘 간직한 여행지보다는 거대한 휴양시설이나 스키장, 골프장 같은 외지 자본이 운영하는 대규모 시설을 이용하는 것을 즐기는 사람들이 많아요.

이런 관광시설에 너무 많은 사람들이 몰려들면서 소음과 쓰레기, 주차 문제 등 다양한 문제가 발생했고, 원주민과 자연환경에 매우 큰 피해를 주고 있어요. 그러자 우리의 여행 문화가 달라져야 한다는 목소리가 높아졌고, 자연환경과 그곳에 깃들어 사는 생명들, 그리고 지역 주민을 배려하는 여행이 되어야 한다는 주장이 늘어났어요. 자연생태계를 잘 보전하기 위해서는 여행자가 스스로 최소한의 발자국만 남길 수 있게 노력하고, 숙소와 식사, 기념품 구매 등에 사용되는 여행 경비가 지역 주민에게 돌아가도록 해서 그들이 이곳을 잘 지키며 계속 살 수 있도록 해야 해요.

생태여행을 떠날 때 몇 가지 원칙을 알면 여행이 더욱 즐거워져요. 생태여행 장소로는 무엇보다도 생태적 가치가 높은 곳을 선택하는 것이 좋아요. 가벼운 흥미를 위한 관광지나 시끌벅적한 유원지가 아니라 국립공원이나 생물권보전지역, 람사르 습지로 지정된 곳과 같이 자연생태계가 뛰어난 곳을 선택하여 조용히 오감을 열고 몸과 마음으로 충분히 느끼는 여행을 해보면 어떨까요. 보호지역이 아니더라도 생태 가치가 높은 곳이라면 어디든 충분해요.

여행지에서 누구를 만나는지도 무척 중요해요. 숲 해설가나 마을 해설가 등 그 지역에서 오랫동안 살았거나 지역을 잘 이해하는 분에게 지역의 역사와 문화, 자연생태계의 가치에 대한 해설을 들으면 여행지를 이해하는 눈이 넓어지고 여행의 감동도 더욱 커져요. 해설 프로그램 외에도 지역 주민들이 진행하는 체험 프로그램에 참여하는 것도 좋아요.

든든하게 배를 채워줄 음식도 중요해요. 지역에서 나는 재료를 이용하여 지역 사람의 솜씨로 만든 건강한 음식을 먹으면 여행이 한결 더 즐거워져요. 어느 식당에나 있는 흔한 음식이나 멀리서 온 희귀한 재료로

↳ 제주도에서 나는 재료로 요리한 지역 식당의 음식 ⓒ박경화

만든 고급 음식보다는 그 지역 사람들이 즐겨 먹는 음식을 그 지역에서 자란 싱싱한 재료로 만들어 함께 먹는 것도 여행지를 잘 이해하는 방법 중 하나예요.

숙소를 선택하는 것도 중요해요. 지역 주민이 운영하는 민박에서 하루를 살아보는 것도 좋아요. 그곳에서 오랫동안 살아온 지역 주민들과 이야기를 나누고, 소소한 정을 나누면 더욱 의미 있는 여행이 될 수 있어요. 지역 주민이 운영하는 숙소에서 머물고 지역 특산품으로 만든 기념품을 사면 지역 경제에 직접 도움이 될 수 있어요.

생태여행은 적은 인원으로 떠나는 것이 좋아요. 많은 사람이 시끌벅적 요란하게 즐기는 여행이 아니라 소수의 사람이 조용하게 이동하는 여행이라 생각하면 좋아요. 숲이나 갯벌 등 자연을 만났을 때는 흔적을 남기지 않기 위해 조심하면서 자연에 미치는 영향을 최소한으로 줄여야 해요. 또 식물 도감이나 새 도감, 곤충 도감 등 생태 도감을 가져가면 숲에서 우연히 만난 야생동물이나 야생식물의 이름과 특징을 알 수 있어요. 쌍안경과 돋보기 등을 준비하면 멀리 있는 새나 작은 이끼, 곤충 등도 잘 관찰할 수 있어요. 무엇보다도 예의를 갖춘 손님의 자세로 조용히 걷고 즐기는 것이 중요해요.

여행을 즐기는 사람들이 점점 늘어나고 있어요. 유명한 여행지에 사람들이 몰리면서 여러 가지 문제와 갈등이 벌어지고 있고, 여행자들이 여행지에 미치는 영향도 점점 커지고 있어요. 여행자인 우리가 여행을 충분히 즐기면서도 자연생태계를 더욱 굳건하게 보전하고 지역 경제까지 살리는 일석삼조의 효과, 이 놀라운 생태여행이야말로 지구를 살리는 기발한 아이디어가 아닐까요?

┗→ 제주도 아부오름에서 생태여행을 즐기는 사람들 ⓒ박경화

생태여행

└ 강원도 대암산 용늪 ⓒ박경화

동백동산을 함께 지켜주세요!

　제주시 조천읍 선흘1리에는 동백나무가 많아서 이름 붙여진 동백동산이 있어요. 이곳은 크고 작은 용암 덩어리와 난대 상록 활엽수, 덩굴식물들이 뒤섞인 곶자왈 지대로, 동백동산의 대표 습지이자 다양한 생명들이 살고 있는 먼물깍이 있고, 희귀식물인 제주고사리삼이 서식하는 등 학술적 가치가 매우 높아요. 그래서 2011년 람사르 습지로 지정되었고, 2014년엔 세계지질공원으로도 선정되었어요. 생태관광 지역으로도 유명한 이곳에서는 마을 주민들이 다양한 생태관광 프로그램을 운영하고 있고, 마을 주민들뿐 아니라 여행자들도 함께 동백동산을 지키자는 의미로 '선흘1리의 생명 약속'을 정했어요.

선흘1리 주민들의 생명 약속

- 선흘곶 동백동산과 마을의 역사, 문화, 생태적 가치를 잘 정리하여 후세에 남기겠습니다.
- 여행자들을 반갑게 맞이하며 친절하고 의미 있는 안내를 하겠습니다.
- 마을 경관 개선(돌담 정비, 전주 지중화)을 통해 아름다운 모습을 지켜갈 것입니다.
- 마을과 동백동산을 방문하는 여행자의 구간, 인원을 규제하여 보전과 활용의 균형을 이루겠습니다.
- 자생식물과 야생화를 복원하여 생물다양성 보전에 기여하겠습니다.
- 신축 건물 설계는 주변 경관과 조화롭게 하겠습니다.

여행자들의 생명 약속

● 쓰레기는 최대한 줄이고 되가져가서 청정한 선흘1리를 지켜주십시오.
● 숲과 마을 안에서는 금연을 지켜주십시오.
● 동백동산 탐방로를 벗어나 동식물을 해치거나 훼손하는 행동을 삼가해 주십시오.
● 마을 안 통제구역은 주민 사생활 보호를 위해 함부로 기웃거리지 말아주십시오.
● 차량으로 마을에 들어설 때는 속도를 줄이고 지정된 곳에 주차해 주십시오.
● 사진을 찍을 때는 미리 의향을 물어봐 주십시오.
● 마을의 전통과 의미가 담겨 있는 기념품과 지역 생산물을 활용해 주민 소득에 기여해 주십시오.

① 위의 글을 읽고 자신의 생각을 말해보세요. 내가 여행지에서 경험했던 것을 중심으로 여행자와 지역 주민들이 서로 이해하고 배려해야 할 점은 무엇인지 발표해 보세요.

_____

_____

_____

② 우리 마을을 찾아오는 손님들을 위해 여행 코스를 직접 만들어 보세요. 여행자들이 눈여겨봐야 할 의미 있는 장소와 특징, 그리고 주의해야 할 점을 여행 안내자가 되어 해설해 주세요.

_____

_____

_____

7

생활 속에 숨은 광물 찾아내기

도시광산

전자제품은 어떻게 만들어졌을까?

    우리는 날마다 다양한 물건의 도움을 받고 있어요. 아침에 자명종 알람 소리에 깨어 전등 스위치를 켜고, 냉장고에서 시원한 물을 꺼내 마시며 하루를 시작해요. 전동 칫솔로 이를 닦고 드라이기로 젖은 머리카락을 말리고, TV를 보고 세탁기를 돌려 빨래를 하고, 휴대폰으로 연락을 주고받고, 노트북으로 메일을 보내요. 러닝머신으로 운동을 하고 자동차로 이동하고, 전철과 기차, 비행기를 타고 여행이나 출장을 떠나요.

    우리가 매일 이용하는 이런 전기·전자제품과 이동 수단에는 다양한 광물이 핵심 부품으로 들어 있어요. 휴대폰에는 금과 탄탈럼, 텅스텐이 들어 있고 전구와 전동 칫솔, 드라이기, 러닝머신에는 텅스텐이 들어 있어요. 안경에는 금과 주석이, 손목시계에는 금과 주석, 탄탈럼, 텅스텐이

들어 있어요. 이 밖에도 세탁기와 TV, 기차, 비행기 등에도 철과 구리, 알루미늄을 비롯한 다양한 광물이 포함되어 있어요. 휴대폰과 노트북, 전기 자동차에 쓰이는 전자기기 배터리의 핵심 소재는 코발트인데, 코발트는 여러 산업에 다양하게 쓰이는 매우 중요한 광물이에요. 이런 광물은 우리 사회에 없어서는 안 되는 중요한 자원이지요.

그런데 우리가 사용하는 전기·전자제품의 수명이 점점 짧아지고 있어요. 가벼운 고장이 생기면 수리하기보다는 새 제품을 구매해요. 신형 제품이 등장하면 새로운 기능에 혹해서 기존에 사용하던 제품이 고장나지 않았어도 쉽게 버리곤 해요. 우리가 사용하는 물건의 교체 주기가 빨라지자 전자 폐기물이 폭발적으로 늘어나고 있어요. 해마다 지구촌에선 약 5,000만 톤이나 되는 전기·전자 쓰레기가 발생하는데, 이것은 프랑스 에펠탑 9,500개 무게와 맞먹는 어마어마한 양이라고 해요.

분쟁광물을 아시나요? 콩고민주공화국과 르완다, 우간다 등 아프리카 10개국에서는 전쟁이 종종 벌어지는데, 이런 분쟁지역에서 반군과 무장단체가 전쟁에 필요한 자금을 얻기 위해 불법으로 채취하거나 생산하여 판매하는 광물을 말해요. 분쟁광물에는 금, 주석(주석석), 탄탈럼(콜탄), 텅스텐(철망간중석), 이렇게 네 종류가 있어요.

콩고민주공화국은 금과 은, 다이아몬드, 구리, 우라늄, 코발트 등 천연자원이 풍부하게 매장되어 있지만 세계에서 가장 가난한 나라에 속해요. 노동자들은 삽이나 곡괭이로 땅을 열심히 파는 매우 원시적인 방식

↳ 분쟁광물 네 종류: (왼쪽 위부터 시계방향으로) 탄탈럼, 주석, 금, 텅스텐
ⓒRobert M. Lavinsky

으로 이 광물들을 채굴해요. 안전하게 작업할 수 있는 보호 장비 하나 없이 작업하다가 노동자들이 깊은 굴속에서 질식하거나 굴이 무너져서 목숨을 잃는 일이 벌어지기도 했어요. 광산을 운영하는 대기업은 큰 이익을 얻지만 많은 노동자들은 아무리 열심히 일해도 가난에서 벗어날 수가 없어요.

르완다와 콩고민주공화국에서는 많은 어린이들이 탄탈럼과 코발트 광산에서 일을 하는데 고작 네 살 된 어린아이까지도 흙탕물에서 광물을 골라내거나 땅을 파는 작업을 해요. 어린이는 인건비가 낮은 값싼 인력일 뿐 아니라 도망치거나 저항하기도 쉽지 않기 때문에 아동노동이 계속되고 있다고 해요. 이런 광산에서 채굴한 광물은 보석 제조업체에 원자재로 공급되거나, 우리가 즐겨 사용하는 휴대폰이나 컴퓨터 등 전자제품을 만드는 데 쓰이고 있어요.

더구나 이들 나라에선 20년 넘게 반군과 무장단체가 전쟁을 벌이고 있는데, 이들이 광산을 통제하여 채굴한 광물을 판매하고 이 수익금으로 무기를 사들이고 있어요. 계속되는 내전으로 600만 명이 넘는 사람이 죽었고, 수십만 명이 넘는 여성이 성폭력을 당하기도 했어요. 주민들은 더 이상 그 지역에서 살 수 없어서 고향을 떠나 도시 빈민이 되었고, 와중에 에볼라 바이러스 같은 전염병까지 퍼져서 사람들의 고통은 이루 말할 수가 없었어요.

이처럼 심각한 상황이 계속되자 2009년부터 유엔에서는 분쟁광물

규제를 논의했어요. 2014년 미국은 분쟁광물에 대한 규제를 시작했고, 유럽연합은 분쟁광물 규제 초안을 발표했어요. 2017년 5월 유럽연합은 분쟁광물 수입을 규제하는 법안의 세부 규정을 발표했어요. 그러자 글로벌 기업들도 속속 분쟁광물을 사용하지 않겠다고 선언했어요. 그러나 분쟁지역에서 채굴한 광물은 이동과 유통과정이 매우 복잡하여 원산지를 추적하기가 매우 어렵다고 해요.

분쟁광물 생산지는 아프리카 대륙에 집중되어 있지만 아시아나 남미 등 그 외 지역에서도 아동학대와 강제 노동 같은 인권유린, 환경오염을 일으키면서 채굴되는 광물이 있어요. 이것을 책임광물이라고 하는데, 분쟁광물 네 종류를 포함해서 구리, 다이아몬드, 알루미늄, 철, 코발트 등이 속해요. 책임광물의 생산지는 아프리카뿐 아니라 동남아시아, 중남미 등 세계의 자원 부국이 포함되면서 범위가 아주 넓어요. 그만큼 책임광물은 분쟁광물보다 확대된 개념이라고 할 수 있어요. 책임광물도 분쟁광물처럼 규제 범위에 함께 포함시켜서 광물을 판매한 수익금이 더 이상 전쟁자금으로 쓰이지 않도록 하고, 인권유린, 환경오염도 사라져야 한다고 국제 사회가 목소리를 높이고 있어요.

도시에도 광산이 있다!

이처럼 분쟁지역에서는 여러 가지 심각한 문제들이 계속되고 있어요. 그렇다면 분쟁지역에서 생산한 자원을 소비하는 선진국에서는 엄청나게 쌓이는 전자 폐기물 문제를 어떻게 해결하면 좋을까요? 이것을 해결할 기발한 방법은 무엇이 있을까요? 그것은 바로 도시광산이에요. 도시에도 광산이 있냐고요? 실제 광산은 아니고 생활 속 곳곳에 숨은 광물을 찾아내는 일을 말해요.

우리가 사용한 후 버린 전기·전자 폐기물에는 철과 비철금속(철 이외의 금속), 희소금속 등이 들어 있는데, 이것을 분해하여 자원을 추출한 뒤 재활용하여 금속을 얻는 것을 도시광산 사업이라고 해요. 이 과정을 거치면 귀한 금속을 다시 얻을 수 있고 버려지는 폐기물의 양도 줄이고, 실제 광산에서 광물을 채굴할 때 발생하는 환경오염도 막을 수 있어요.

폐휴대폰 1만 대를 모으면 무게가 1톤가량 되는데, 여기에서 금 400 그램, 은 3킬로그램, 구리 100킬로그램, 주석 13킬로그램, 니켈 16킬로 그램, 리튬 5킬로그램가량을 얻을 수 있어요. 정말 엄청난 양이죠? 전자 제품에는 다양한 희소금속도 들어 있는데, 희소금속은 지구의 지각에 매우 적게 존재하는 금속이나 광석에 적게 농축되어 있는 금속, 정련이 곤란한 금속을 통틀어 말해요. 크롬, 망간, 타이타늄, 리튬, 바륨, 바나듐 등이 있어요.

1986년 일본 도호쿠대학교(선광제련연구소)의 난조 미치오 교수가 처음으로 도시광산의 개념을 만들었어요. 그는 전기·전자제품의 부품에 들어 있는 금속을 추출하여 재활용하면 천연자원의 소비를 줄일 수 있고, 광산을 개발하면서 발생하는 환경오염도 줄일 수 있다고 주장했어요.

도시광산은 전자 폐기물에서 소중한 광물을 다시 채굴하는 재활용 방법이에요. 광산을 개발하려면 거대한 장비와 자본이 필요하고, 개발 과정에서 광산 일대의 광활한 숲을 베고 산을 깎으면서 자연생태계를 훼손해요. 광물을 채굴하는 과정에서도 수질오염과 유해 물질 배출 등 심각한 환경문제를 일으켜요. 그러나 도시광산은 이런 문제를 일으키지 않아요.

우리나라에서도 도시광산 사업이 활발하게 이루어지고 있어요. 서울시 성동구 송정동에 있는 서울도시금속회수센터Seoul Resource Center(줄여서 SR센터)에 물건을 가득 실은 거대한 트럭이 들어왔어요. 이 트럭은 서울시 25개 자치구의 집하장이나 선별장에 모아두었던 소형 폐가전, 폐휴대폰, 폐사무기기 등을 싣고 왔어요. SR센터는 소형 전자 폐기물을 선별, 해체, 파쇄하여 재질별로 나누는 작업을 전문적으로 하는 곳이에요. 전자 폐기물에서 나오는 고철과 비철, 구리, 플라스틱, 인쇄 회로기판 등을 재질별로 나누어 제강업체나 제련업체 등에 판매해요. 이 과정을 통해서 소중한 자원을 되살릴 뿐만 아니라, 사회 취약 계층이 일할 수 있는 일자리도 만들고 수익을 사회에 환원하기도 해요. 전자 폐기물을 해체하는 작업장에는 직원들이 안전하게 작업할 수 있도록 안전 장비와 시설이 갖춰져 있어요.

서울 시민들이 배출한 전자 폐기물은 세 가지 방식으로 처리되고 있어요. 컴퓨터와 노트북, 휴대폰, 팩스, 복사기, 전화기, 프로젝터, 전자레인지, 복합기, 선풍기 같은 소형 가전제품은 시민들이 구청에 신고하면 지자체에서 수거하여 SR센터로 이송해 처리해요. 세탁기와 냉장고, 텔레비전 같은 대형 가전제품은 대형 가전을 판매하는 회사에서 기존에 사용하던 오래된 제품을 직접 회수해 처리하는데, 이것을 '생산자 책임 재활용 제도'라고 해요. 이 제도를 통해서 판매자는 오래된 제품을 회수하고, 수거한 제품에서 필요한 금속을 재활용한 후 그 과정에서 발생한 기타 유해 물질을 안전하게 처리해요.

고물상 트럭이 동네를 돌면서 중고품을 수집하기도 하고, 중고 매장

↳ 서울SR센터 ⓒ박경화

도시광산

을 통해서 폐가전제품을 수거하는 사람도 있어요. 이들은 값어치가 있는 유가금속만 수집하고 경제성이 낮은 품목은 수출하는데, 이 전자 폐기물은 수입한 나라의 국민과 환경에 심각한 영향을 미치기도 해요.

전자 폐기물에는 소중한 광물뿐 아니라 유해 물질도 들어 있어요. 수은과 납, 카드뮴, 6가 크롬, 브롬계 난연제 등이 사람의 몸에 들어오면 구토와 피부발진, 경련, 뇌 손상, 탈모, 신장 손상, 급사 등 심각한 건강 문제를 일으켜요. 전자 폐기물 대부분은 잘사는 선진국에서 배출되어 중국, 인도, 베트남, 필리핀을 비롯한 아시아와 나이지리아, 이집트, 케냐, 탄자니아 같은 아프리카로 수출되고 있어요. 선진국에서는 까다로운 환경규제와 높은 인건비 등으로 처리가 어렵기 때문에 외국으로 값싸게 수출하는 방식을 선택한 것이죠.

전자 폐기물은 1992년 발효된 바젤협약(스위스 바젤에서 채택된 유해 폐기물의 국가 간 불법 이동을 줄이자는 국제협약)에 의해 유해 폐기물로 규정되어 국가 간 이동이 금지되어 있어요. 그러나 중고품이나 구호품 등으로 서류를 몰래 작성하여 수출해요. 이것을 수입한 나라의 가난한 노동자들은 망치 하나로 전자제품을 부수고 맨손으로 부품을 분해해요. 전자 폐기물에서 나오는 유해 물질로부터 얼굴과 손, 피부 등을 보호할 수 있는 마스크나 안경, 장갑, 작업복도 없이 말이에요. 전선을 모아서 불에 태우면 플라스틱 피복이 녹으면서 구리를 얻을 수 있는데, 이때 지독한 연기와 유해 물질이 배출되면서 사람들의 건강을 해칠 뿐 아니라 땅과

강물까지 오염시킬 수 있어요.

　이런 문제를 해결하려면 도시광산 사업이 더욱 활성화되어야 해요. 지구에 있는 천연자원은 한정되어 있어서 언젠가 고갈될 거예요. 지금처럼 자원을 함부로 채굴해서 쉽게 쓰고 버리면서 우리 대에서 모든 자원을 다 써버리면 미래 세대들은 어떻게 살아야 할까요? 꼭 필요한 전기·전자제품만 사용하면서 절약하고, 이미 개발한 자원을 재활용하면 이 문제를 슬기롭게 극복할 수 있어요.

도시광산

우리에겐 수리받을 권리가 있다

　유럽에는 도시 곳곳에 수리카페Repair cafe가 있어요. 이곳은 차를 마시면서 좋은 사람과 대화를 나눌 수 있는 카페이면서, 각종 수리 도구를 갖추고 있어서 누구나 물건을 수리할 수 있는 공간이에요. 2009년 10월 네덜란드 암스테르담에 처음 등장한 수리카페는 물건을 직접 만들고 고치려는 사람들이 즐겨 찾고 있어요. 옷과 가전제품, 가구, 자전거, 각종 생활용품 등 수리가 필요한 물건을 가지고 와서 자신이 직접 고치거나 솜씨 좋은 기술자나 은퇴한 엔지니어 같은 자원봉사자에게 수리를 맡길 수 있어요. 이곳에서는 수리에 필요한 도구와 방법을 제공하기도 하지만, 이웃들이 모여 서로 안부를 묻고 생활에 필요한 수리 기술을 공유하기도 해요. 때로는 수리 방법과 기술에 대한 토론이 벌어지기도 해요.

수리카페는 네덜란드의 기자인 마르틴 포스트마Martine Postma 씨가 처음 만들었는데, 쉽게 쓰고 버리는 현대의 과소비 사회에 저항하는 의미에서 물건을 수리할 수 있는 공간을 마련했다고 해요. 이후 카페의 인기가 점점 높아지면서 참여자가 늘어나자 비영리재단을 설립해 이를 널리 확산시키기 위해 노력했어요. 4년 만에 네덜란드에서 50여 개의 수리카페가 문을 열었고 벨기에, 프랑스, 독일 같은 유럽을 넘어 아시아까지 점점 늘어나고 있어요.

1980년대 무렵까지 우리나라에도 수리점이 골목 곳곳에 있었어요. 고장 난 가전제품을 수리하거나 우산, 구두, 옷 같은 생활용품을 수리하고 수선하는 일이 흔했어요. 그러나 값싼 제품들이 속속 등장하면서 사람들은 오래된 제품을 고쳐 쓰기보다 새 제품을 사는 데 익숙해지고 있어요. 이제는 소비자가 소중한 물건을 수리받을 수 있는 권리인 '수리권'을 지킬 수 있어야 해요.

수리권은 역사가 있고 추억이 담긴 물건을 고쳐서 오래오래 사용할 수 있게 도와줘요. 수리권을 보장받을 수 있다면 새로운 물건을 사들이는 비용을 줄일 수 있을 뿐 아니라 버려지는 쓰레기도 줄일 수 있어요. 골동품이나 문화재, 앤티크antique 가구처럼 오래 사용하고 간직할수록 가치가 높아지는 물건을 만들 수도 있어요. 이 수리권이 지켜지려면 각종 생활용품의 부품이 계속 공급될 수 있어야 하고 기술도 계속 이어져

↳ 암스테르담 수리카페 ©Ilvy Njiokiktjien

야 해요. 스스로 물건을 고칠 수 있는 생활 기술이 친구끼리, 이웃끼리, 또는 부모에서 자식으로 대를 이어서 전해지면 더욱 좋아요.

우리나라 소셜벤처 기업인 인라이튼은 무선 전자제품의 배터리를 바꿔주는 서비스 사업을 하고 있어요. 무선 청소기나 로봇 청소기, 전동 드릴, 전동 드라이버같이 배터리로 충전하는 무선 제품은 구입 후 1~2년 이 지나면 점점 사용 가능 시간이 줄어들거나 성능이 약해져요. 그럼 사람들은 서비스 센터에서 수리하거나 아예 새 제품을 사면서 비싼 돈을 지불해요.

이때 수명이 다한 배터리만 교체하면 잘 작동되는 경우가 많아요. 제품 안에 들어 있는 배터리팩의 배터리셀만 바꾸면 적은 비용으로 새 제품처럼 사용할 수 있어요. 가정에서 사용하던 오래된 무선 제품을 아주 손쉽게 수리해 계속 사용할 수 있는 것이죠.

디자인을 전문으로 하는 청년 기업인 리페어라이프앤디자인은 고장 난 컴퓨터의 키보드를 수리해 주고 있어요. 키보드를 오래 사용해서 지저분해지거나 물 같은 액체를 쏟아 고장이 나면 새 제품을 사야 하나 고민하게 되지요. 또 키캡 하나가 망가져서 키보드 전체를 새로 사야 하나 고민할 때도 있지요. 리페어라이프앤디자인에서는 이런 키보드를 아주 싼 값에 수리해 주고 고치기 어려운 경우라면 같은 종류의 중고 키보드를 보내줘요. 부품 하나가 작동이 안 되어서 전체를 바꾸면 그만큼의 자원이 낭비되고, 전자기판이 들어 있는 전자 폐기물을 폐기하는 과정에서 유해 물질이 발생하기도 하니까요. 이들의 활동은 플라스틱 쓰레기를 줄이고 소비자가 수리할 권리를 갖게 하는 것이 목적이라고 해요. 그렇다면 이 외에도 우리 생활에서 늘 사용하는 물건 중에서 수리해 계속 사용할 수 있는 것은 무엇이 있을까요? 간단한 수리를 하면 물건의 수명은 늘리고 비용도 줄이고, 전자폐기물도 줄일 수 있는 좋은 방법이 있지 않을까요?

쓰레기가 악기로 다시 태어나다

더욱 기발한 방법도 있어요. 버려지는 물건이 경쾌한 소리를 내는 악기로 변신했어요. 독특한 악기로 경쾌한 음악을 들려주는 생태주의 뮤직 퍼포먼스 그룹인 노리단은 자신도 모르게 벌떡 일어나 리듬에 몸을 맡긴 채 공연 속으로 빠져들게 될 정도로 흥겹고도 신비로운 연주를 해요. 노리단은 매우 독특한 악기로 연주하는데, 악기의 재료는 바로 산업 폐자재예요.

콜라 페트병에 자동차 타이어 밸브를 끼워서 만든 하품, 전선관으로 많이 쓰는 폴리에스테르관을 잘라서 나뭇조각을 끼운 파람, 플라스틱 화공약품 통으로 만든 두둥, PE관을 겹겹이 붙여서 만든 거대한 악기인 한내, 알루미늄판으로 만든 은몽, 자동차 바퀴로 만든 감돌, 나무로 만든

재활용품 악기를 만들어 연주하는 노리단 ⓒ박경화

톡톡, 공사장 받침목으로 쓰는 나왕 조각을 다듬은 고몽, 알루미늄관으로 만든 꽁꽁까지…. 노리단은 우리말 이름을 붙인 독특한 악기로 경쾌한 리듬을 연주하고, 연주자 자신들의 몸을 두드려 신기한 소리를 만들어내요.

한편, 한때 논밭을 누볐던 농약 분무기는 우아한 첼로로 변신했어요. 광주광역시에서 첼로 4중주를 연주하는 '유니크 첼로 콰르텟'은 환경문제에 관심이 많아서 새활용 악기를 만들어 보기로 했어요. 그리고 고물상을 열심히 뒤져서 찾아낸 것은 바로 농약 분무기였어요. 스테인리스로 만들어진 분무기에 줄을 연결하여 멋진 악기를 만들었는데, 세상에서 유일한 독보적인 첼로라는 뜻에서 유니크 첼로라고 이름 지었다고 해요. 농약 분무기 첼로로 아름다운 선율을 연주하는 첼로 4중주가 궁금하지 않나요?

이 첼로는 파라과이의 '랜드필 오케스트라'에서 영감을 얻어 만들었다고 해요. 랜드필 오케스트라는 쓰레기 매립지가 있는 파라과이 카테우라 마을의 아이들로 구성되었는데, 마을에서 나오는 흔한 쓰레기를 악기로 만들어 연주하는 것으로 유명해요. '랜드필landfill'은 영어로 쓰레기 매립지를 뜻하는데, 이를 따서 오케스트라의 이름을 지었다고 해요.

오케스트라를 처음 만든 이는 이 마을 출신의 음악가인 파비오 차베스 씨예요. 빈민 지역인 카테우라 마을의 아이들은 유리병이나 플라스틱, 고철을 주워서 하루 생계를 이어가는데, 차베스 씨는 이 아이들에게 음악을 가르치며 희망을 주고 싶었어요. 그러나 비싼 악기를 살 수 없어서 궁리 끝에 이 마을에서 가장 흔한 쓰레기로 악기를 만들어 보기로 했어요. 쓰레기장에서 일하던 재주 많은 목수와 아이들의 부모들이 적극 나서서 악기 제작을 도왔어요.

기름통에 폐목재를 붙이고 페인트통과 오븐용 냄비를 악기 몸통으로 이용했어요. 캔과 쟁반으로 바이올린과 비올라를 만들고, 배관 파이프로 색소폰을, 쓰레기통과 나무 팔레트로 드럼을 만들었어요. 스푼과 포크, 칼, 단추, 병뚜껑은 악기의 버튼과 키를 연결하는 부품으로 활용했어요. 열심히 공들여 만든 악기로 차베스 씨는 아이들에게 클래식 음악과 팝 음악을 가르쳤어요.

이렇게 탄생한 랜드필 오케스트라는 파라과이에서 점점 유명해졌고, 세계 여러 나라에서 초대받아 연주회를 열었어요. 오케스트라 덕분에 아이들은 술과 폭력, 마약에 빠지지 않고 새로운 희망을 갖게 되었고, 마을에도 새로운 변화가 생겼어요. 이 이야기가 알려지자 후원이 이어졌고 이들의 이야기를 담은 영화도 만들어졌어요.

버리면 쓰레기일 뿐이지만 상상력을 더하면 아름다운 음악을 연주하는 멋진 악기로 다시 태어날 수 있어요. 어때요, 세상에는 정말 기발한 아이디어가 넘쳐나지 않나요? 이렇게 반짝이는 아이디어가 세상을 좀 더 즐겁고 흥미롭게 만들고 있어요. 우리도 어디에서 본 적 없는 새로운 아이디어로 세상을 깜짝 놀라게 해볼까요?

생각 키우기

얼리어답터냐, 전자 폐기물이냐?

영웅이는 자부심이 강한 얼리어답터^{Early Adopter}(앞선사용자)예요. 누구보다도 먼저 최첨단 전자제품을 구입해서 새로운 기능을 익히는 걸 즐겨요. 휴대폰이나 태플릿PC, 카메라, 노트북 등 신제품이 출시될 때면 전날 저녁부터 매장 앞에 돗자리를 깔고 앉아서 밤새워 기다렸다가 남들보다 빨리 구입하려고 애를 써요.

새로운 제품을 손에 넣으면 업그레이드된 기능을 하나하나 확인하면서 이전 제품의 성능과 비교해요. 그리고 이에 대한 설명을 SNS에 올리고 자신의 의견과 아이디어를 덧붙였더니 제품을 출시한 기업에서 아주 좋은 의견이라며 선물을 보내온 적도 있어요. 영웅이는 새로운 기능을 하나하나 알아가면서 탐구하고 연구하는 것에서 큰 기쁨을 얻고 있어요. 특히 가족과 친구들에게 최신 기능을 알려주면서 자랑할 때 가장 큰 보람을 느껴요.

영웅이는 최첨단 전자제품을 사지 못하면 머릿속에 계속 떠올라서 잠을 잘 이루지 못하고, 이것들을 사기 위해 열심히 아르바이트를 하고 용돈도 아껴 쓰려고 노력해요. 그런데 전자제품의 할부금을 미처 다 갚기도 전에 신제품이 출시되어 고민에 빠지기도 해요. 그래도 얼리어답터의 자부심을 지키기 위해 과감하게 신제품을 구매해요. 이런 영웅이에게 전자제품은 생활을 편리하게 해주는 기계가 아니라 마치 기호품과 같아요.

부모님은 꼭 필요한 것도 아닌데 또 새로 샀느냐고 말씀하시고, 때로는 스스로도 지나친 소비가 아닌가 하는 생각이 들 때도 있어요. 하지만 누구보다 앞서서 신제품의 기능을 먼저 실험하고 더 새로운 기술을 찾는 것은 합리적인 소비이고, 자신의 미래를 위한 투자라고 생각해요.

그런데, 영웅이는 요즘 새로운 고민에 빠졌어요. 분쟁광물과 전자 폐기물에 대한 글을 읽고 지금까지 자신이 사용했던 수많은 전자기기들이 떠올랐거든요. 새로운 기능이 익숙해지면 신제품이라 하더라도 중고품으로 판매하거나 친구들에게 쉽게 나눠주곤 했던 자신의 행동을 돌아보게 되었어요. 영웅이가 사용하던 제품을 다른 이가 소중하게 쓰고 있을 수도 있지만 다들 자신처럼 쉽게 쓰고 처분한다면 전자 폐기물이 얼마나 늘어날까요? 이렇게 지구의 자원을 함부로 사용해도 될까요? 영웅이는 얼리어답터의 장점을 살려서 진로를 결정하려고 했는데, 이런 생각마저 흔들리고 있어요.

1. 위의 글을 읽고 자신의 생각을 말해보세요. 내가 영웅이라면 진로를 어떻게 결정하고 싶은지 말해보세요.

_____

_____

_____

2. 나는 신형 전자제품을 개발하는 연구자예요. 전자 폐기물을 줄일 수 있는 아주 놀라운 성능의 가전제품을 개발하려고 해요. 이 제품의 이름과 용도는 무엇이고, 어떤 뛰어난 기능을 가졌는지 특징을 설명해 보세요.

_____

_____

_____

8

치우침 없이 공평하고 올바른 거래

공정무역

초콜릿과 아동노동

2월 14일은 사랑하는 연인이나 친구에게 초콜릿을 선물하는 밸런타인데이Valentine Day예요. 국가 기념일은 아니지만 많은 이들이 설레며 이날을 기다려요. 밸런타인데이의 유래에는 몇 가지 설이 있지만 성 발렌티누스의 축일에서 비롯되었다는 설이 가장 널리 알려져 있어요. 로마 제국의 황제 클라우디우스 2세는 병사들의 마음이 나약해지는 것을 막고 사기를 높이기 위해 결혼을 금지했어요. 그런데 한 연인의 진실한 사랑을 알게 된 발렌티누스 주교는 비밀스럽게 이들의 결혼식(혼배성사)을 올려주었고, 이 일로 금혼령을 어긴 주교는 서기 270년 2월 14일에 그만 처형을 당했어요. 이후 200여 년이 지나 겔라시우스 1세 교황은 2월 14일을 성 발렌티누스의 축일로 기념하게 해주었어요.

세월이 한참 흐르고 15세기 무렵이 되자 서양에서는 이날이 되면 연인끼리 밸런타인 카드를 주고받았고, 19세기 영국에서는 초콜릿이나 쿠키 등을 선물하면서 사랑의 마음을 표현했다고 해요. 1935년 일본 고베의 한 제과업체는 이런 서양의 문화를 들여와서 '당신의 밸런타인에게 초콜릿을 선물하자'라고 광고했어요. 당시에는 광고 효과가 미미했으나 1960년대 일본의 또 다른 제과업체에서 '밸런타인 초코'를 판매하면서 홍보하자, 밸런타인데이가 여성이 남성에게 초콜릿을 선물하면서 사랑을 고백하는 날로 점점 정착되기 시작했어요.

이런 일본의 풍습이 1980년대 중반 우리나라에 들어왔어요. 그래서 밸런타인데이의 초콜릿 선물은 상술일 뿐이라는 주장도 널리 퍼져 있어요. 밸런타인데이에 초콜릿을 선물하는 것은 '페닐에틸아민phenylethyl-amine'이라는 호르몬 때문인데, 이것은 사람이 어떤 것에 열중하고 있을 때 뇌에서 만들어지며 연애 감정에 깊게 관여한다고 해요. 이 성분이 초콜릿에 많이 들어 있어서 달달한 초콜릿을 먹으면 마치 사랑에 빠진 듯한 기분이 든다고 해요.

멕시코 메시카족은 카카오 씨앗에 고추를 섞어서 만든 음료인 쇼콜라틀Xocolatl(쓴 물이라는 뜻)을 만들어 먹었는데, 여기에서 초콜릿Chocolate이라는 말이 유래되었어요. 멕시코 원주민은 카카오 씨앗을 신이 내린 선물이라 여기며 음료를 만들어 마시거나 약재로 썼고 화폐로도 이용했어요. 아즈텍 왕실에선 볶은 카카오에 물과 옥수수, 향신료를 넣어 즐겨 먹었는

└▶ 카카오 열매 ⓒ픽사베이

└▶ 밸런타인데이 초콜릿 ⓒ박경화

공정무역

데, 이것을 유럽 탐험가들에게 대접하면서 서양에 알려졌다고 해요.

그렇다면 오늘날 우리가 즐겨 먹는 초콜릿의 원료인 카카오는 어떻게 재배되고 있을까요? 서아프리카에 있는 코트디부아르와 가나, 카메룬, 나이지리아, 토고, 시에라리온, 라이베리아 같은 나라에서는 전 세계 카카오의 70퍼센트를 생산하고 있어요. 이 중 코트디부아르와 가나에서 60퍼센트가량의 많은 양을 생산하고 있는데, 코트디부아르는 전 세계 카카오의 40퍼센트 이상을 재배하고 있는 카카오 생산량 1위국이에요.

코트디부아르의 카카오 농장에는 많은 사람이 일하고 있는데 이 중에는 15세 이하의 어린아이들도 있어요. 아이들은 아침 6시부터 늦은 저녁까지 어른과 함께 카카오나무에서 열매를 따고 무거운 카카오 열매를 운반하고, 벌채용 큰 칼로 열매를 쪼개서 씨앗을 분리하는 고된 일을 해요. 또 큰 칼을 이용하여 농장의 잡초를 베기도 하고 보호 장비도 없이 농약을 뿌리는 위험한 일을 하기도 해요. 자칫 일을 잘못하면 농장주나 관리인의 폭력에 시달리기도 해요.

한때 이런 아이들이 130만 명이나 되었다고 해요. 이 중 코트디부아르에서 태어난 아이들도 있지만 일부는 주변의 더 가난한 나라에서 인신매매로 강제로 끌려와 일하기도 해요. 아이들은 학교에 다니지 못하고 교육도 받지 못하고 하루 종일 카카오 따는 일을 하지만 정작 달콤한 초콜릿을 맛보진 못한다고 해요. 농장에서 키운 카카오로 초콜릿을 만들려면 이후에 훨씬 더 많은 과정을 거쳐야 하니까요.

공정무역이 등장한 까닭

한편, 카카오 농장을 운영하는 농부들은 가난에서 벗어나지 못하고 있어요. 농부는 카카오를 열심히 수확하여 수출업자에게 판매해요. 이때 수출업자가 터무니없이 싼 값을 제시해도 어쩔 수 없이 거래하기도 해요. 수확한 지 오래되어 카카오의 품질이 떨어지면 제값을 받을 수 없고, 결국 거래를 미뤘다가 판매하지 못하면 힘들게 농사지은 것이 다 헛수고가 되니까요.

수출업자는 적당한 이윤을 붙여서 카카오를 중간상인에게 판매하고, 다시 중간상인들은 구입한 카카오를 수입업자에게 판매해요. 수입업자는 이것들을 다시 초콜릿 생산 기업에 판매하고요. 그제야 드디어 공장에서 카카오에 우유와 설탕을 섞어서 부드러운 초콜릿을 만들어요.

이 초콜릿을 도매상을 거쳐서 소매점(가게)에 진열해 놓으면 소비자들이 사서 달콤한 맛을 즐기게 되는 것이죠.

카카오가 거래되는 이 모든 과정에서 이윤이 붙기 때문에 무역 과정이 복잡할수록 생산자인 농부에게 돌아가는 몫은 줄어들어요. 초콜릿을 만드는 대기업은 품질 좋은 카카오를 보다 싸게 사려고 하고, 소비자들도 맛있는 초콜릿을 싼값에 사려고 해요. 혹여나 카카오 생산량이 늘어나면 농부들이 받을 수 있는 카카오 가격이 더 내려가기도 해요. 이처럼 농부들은 열심히 일을 해도 좀처럼 빈곤에서 벗어날 수 없고, 어린아이들은 열악한 환경에서 고된 일을 하고 있어요. 이 심각한 상황을 해결할 좋은 방법은 없을까요?

이런 불공정한 일반무역의 문제점을 극복하기 위한 기발한 대안으로 공정무역이 등장했어요. '공정'이라는 말은 어느 한쪽으로 치우침이 없이 공평하고 올바르다는 뜻이에요. 공정무역은 대화, 투명성, 상호 존중을 기초로 하여 보다 공평하고 정의로운 국제무역을 추구하는 무역 협력을 말해요. 공정무역은 앞서 설명한 일반무역과는 달라요. 우선 카카오 농장의 농부들이 모여서 생산자 조합을 만들고, 대규모 다국적 기업이 아닌 공정무역 회사와 함께 카카오값을 의논하여 결정하고 적절한 가격에 팔아요. 그리고 공정무역 회사에서 카카오로 초콜릿을 만들어 소비자들에게 판매하는 것이죠.

공정무역은 무역의 단계가 복잡하지 않고 생산자와 소비자가 서로

↳ 공정무역 제품들 ⓒ박경화

공정무역

얼굴을 알 수 있는 직거래 방식이에요. 농부들은 다국적 기업이 일방적으로 결정한 헐값에 카카오를 팔지 않아도 되고, 중간에 복잡한 유통과정을 거칠 필요가 없어서 더 많은 이익을 얻을 수 있어요. 공정무역으로 생산한 제품은 초콜릿뿐 아니라 커피, 차, 설탕, 코코아, 바나나, 건망고, 면화, 축구공, 올리브유, 코끼리 똥종이, 수공예품, 어린이 장난감, 보석류 등 매우 다양해요.

공정무역 회사들로 구성된 공정무역 단체는 제품에 대한 공정한 값을 치르고, 생산자와 노동자가 정당한 대가를 받을 수 있게 노력해요. 원료를 구입할 때는 미리 선지불을 하여 생산자가 보다 안정적으로 농사지을 수 있게 도와요. 한번 거래를 하면 생산지를 쉽게 바꾸지 않고 해마다 꾸준히 거래를 하여 안정적인 무역 관계를 맺어요. 그럼 생산자들은 마음 편히 농사지을 수 있어요. 서로 믿음과 신뢰로 거래하는 것이죠. 그뿐만 아니라 생산자들에게 필요한 정보를 제공하고 기술적인 지원도 아낌없이 해줘요. 이렇게 생산자를 적극 지원할 뿐 아니라 소비자들이 공정무역에 대해 잘 이해할 수 있도록 교육과 홍보 활동도 하고, 기존의 국제무역 관행을 바꾸기 위한 캠페인에도 열심히 참여하고 있어요.

공정무역 제품들은 대개 유기농 방식으로 생산해요. 건강하고 안전하게 생산한 유기농 제품은 농산물로서의 가치가 높아서 농부들의 소득도 높아져요. 또 비싼 비료와 농약을 살 필요도 없고, 비료와 농약 때문에 생기는 피해도 줄일 수 있어 환경에도 좋은 영향을 미쳐요. 작업장에서는 양성평등을 위해 노력하고 아동노동도 금지하고 있어요. 아시아와 아프리카 등에서 솜씨 좋은 손 기술로 공정무역 제품을 만드는 일에는 특히 여성들이 많이 참여하고 있어요.

↳ 덕수궁 돌담길에서 열린 공정무역을 알리는 기념행사 ⓒ박경화

공정무역

원조가 아닌 자립

　공정무역이 처음 시작된 곳은 미국이에요. 1946년 미국 펜실베이니아 아크론 마을의 메노파교에서 자원봉사자로 활동하던 에드나 루스는 카리브해에 있는 푸에르토리코를 방문하게 되었어요. 푸에르토리코의 여성들은 바느질 공예품을 정성 들여 만들고 있었는데, 한 땀 한 땀 자수를 놓은 이 면제품들은 아름답고 품질도 좋았어요.

　그런데 이렇게 좋은 솜씨를 가졌음에도 여성들은 너무나 가난하게 살고 있었어요. 에드나 루스는 이 제품을 자신이 사는 아크론 마을에서 팔면 좋겠다고 생각하고 자신의 집 지하실을 소박한 가게로 꾸몄어요. 그리고 아이티의 목각 수공예품과 팔레스타인 난민들이 만든 바느질 제품까지 들여와서 물건의 종류를 점점 늘려갔어요.

이렇게 빈곤 지역 사람들이 정성껏 만든 물건을 판매할 수 있게 시장에 연결해 주고, 그들이 스스로 가난을 극복할 수 있게 도운 이 기발한 아이디어는 아크론 교회 신자들의 지지를 받았고, 메노파 교회의 국제 네트워크를 통해서 다른 나라로 점차 알려지게 되었어요. 그리고 세월이 흘러서 에드나 루스의 작은 가게는 북미 지역에 130개가 넘는 매장을 가진 텐 사우전드 빌리지Ten Thousand Villages로 성장했어요.

이후 본격적인 공정무역은 제2차 세계대전 직후인 1950년대에 영국의 옥스팜Oxfam(국제구호기구)이 중국 난민들이 생산한 수공예품을 구입하여 자선 가게에서 판매하면서 시작됐어요. 난민들에게 일자리를 만들어주고 그들이 만든 제품을 시장에서 팔 수 있도록 소비자 운동을 벌였는데, 이것이 현재 공정무역의 모습과 가깝다고 해요.

시작은 미미하였으나 이 놀라운 아이디어는 날개를 달고 전 세계로 퍼져나갔어요. 1958년 미국에서 처음으로 공정무역 가게가 문을 열었고, 1964년 영국 옥스팜에서 '옥스팜 무역'이라는 공정무역 회사가 생겨났어요. 1967년 네덜란드에서 공정무역기구가 설립되었고, 1969년에는 네덜란드에서 처음으로 '제3세계 가게'가 문을 열었어요.

1960년대 공정무역은 유럽 지역의 큰 개발 단체 또는 종교 단체들이 남반구에서 생계 수단을 잃거나 재난으로 어려움에 처한 가난한 사람들이 만든 물건을 사주면서 성장했어요. 이들 단체는 물건을 사주는 것에 그치지 않았어요. 남반구 생산자들과 함께 일하면서 그 지역의 생산자들이 단체를 만들 수 있도록 도와주었고, 북반구의 잘사는 나라에 그들이 만든 물건을 수출할 수 있는 힘도 키워주었어요. 원조는 가난하거나 위기에 처한 사람에게 돈이나 물품을 지원하는 것에서 그치지만, 공정무역은 빈곤 지역의 사람들이 만든 좋은 물건을 판매하여 그 수익금으로 가난에서 스스로 일어설 수 있도록 적극적으로 돕는 자립 방식인 거죠. 이런 움직임이 늘어나자 1960년대 유럽 곳곳에는 월드숍Third World Shop이라는 공정무역 가게들이 생겨났어요.

1988년에는 네덜란드 교회를 중심으로 한 NGO가 공정무역 마크를 생각해 냈어요. 멕시코의 커피협동조합을 오랫동안 도와주던 네덜란드의 한 신부님이 떠올린 아이디어인데요, 공정무역으로 생산한 커피라는 것을 한눈에 알아볼 수 있으면 좋은 뜻에 동참하는 사람들이 늘어날 것이라고 생각한 것이죠. 그렇게 만들어진 상표의 이름은 '막스 하벨라르Max Havelaar'로, 네덜란드의 식민 지배 당시 인도네시아 커피 생산지에서 힘들게 살아가는 한 농민의 이야기를 담은 소설의 제목에서 따왔어요.

이것은 한 회사만 쓸 수 있는 마크가 아니에요. 기준에 맞게 거래된 공정무역 커피를 판매한다면 누구라도 쓸 수 있는 공동상표이자 최초의 공정무역 인증제인 셈이죠. 이 마크는 소비자들이 공정무역 제품을 쉽게 구별할 수 있게 해주었고, 생산자 단체들이 공정무역 기준을 계속 유지해 갈 수 있는 힘이 되어주었어요.

이 상표를 사용하는 단체가 늘어나면서 공정무역은 더욱 발전했고,

↳ 공정무역 마크

↳ 공정무역 마크가 찍힌 영국의 설탕 ⓒ박경화

소비자들은 이 마크가 붙은 제품을 엄격한 심사 기준을 통과한 좋은 제품이라고 인식하게 되었어요. 이후에 소비자들이 공정무역 인증마크가 새겨진 제품을 더욱 선호하고 신뢰하게 되면서 해당 상표는 1990년대부터 시장에서 엄청난 영향력을 갖게 되었고, 인증마크의 종류도 점차 다양해졌어요.

공정무역이라는 말은 1985년 2월 영국 런던에서 열린 '무역과 기술 회의'에서 처음 사용되어 알려졌어요. 이 회의에는 영국을 비롯한 많은 제3세계 국가의 조합들이 참여했는데, 이때 영국의 마이클 배럿 브라운(영국의 경제학자이자 정치학자로, 세계 공정무역의 선구자)이 이 용어를 처음 썼다고 해요. 브라운은 "우리는 불공정한 무역에 지쳤습니다. 이제는 공정무역을 할 때입니다"라고 말했고, 그 후 이 용어가 전 세계로 빠르게 퍼져나갔어요.

공정무역의 규모가 점차 커지면서 1989년에는 전 세계 61개국 270개 공정무역 단체가 모여서 국제공정무역연합IFAT; International Fair Trade Association을 설립했어요. 이 단체는 생산자와 수출업자, 수입업자, 소매상이 회원으로 가입한 세계 최대의 공정무역 네트워크로, 무역이 환경을 파괴하지 않으면서도 가난한 사람들이 보다 나은 삶을 살도록 도울 수 있다는 믿음으로 서로 돕고 지지하며 열심히 활동하고 있어요. 2009년부터는 세계공정무역기구WFTO; World Fair Trade Organization로 이름을 바꿨고, 70개국이 참여하고 있어요.

우리나라 공정무역의 역사

　우리나라에서도 다양한 공정무역 제품을 만날 수 있어요. 우리나라에 공정무역이 처음 움트기 시작한 것은 2002년 무렵이에요. '아름다운 가게'는 중고 물품을 기증받아서 새로운 주인을 찾아주는 재사용 가게로 유명해요. 이곳에는 공정무역을 연구하고 관련 사업을 기획하는 대안무역팀이 있는데, 이들은 인도와 네팔, 방글라데시 등 생산자 단체를 방문하여 조사하는 일을 했어요. 2003년에는 아시아 지역에서 몇 가지 수공예품을 수입하여 아름다운가게에서 판매했는데, 이것이 우리나라 최초의 공정무역 사업이었어요. 그런데 이 수공예품들은 소비자들에게 인기가 없어서 잘 팔리진 않았다고 해요. 이후 대안무역팀은 계속 새로운 품목을 찾았고, 2006년 네팔의 원두커피인 '히말라야의 선물'을 수입하여 판매하기 시작했어요.

원두커피 시장이 커지고 공정무역 커피도 인기를 얻자 2009년에는 아름다운가게에서 독립한 커피 브랜드 '아름다운커피'가 탄생했어요. 이곳에서는 '안데스의 선물(페루)', '킬리만자로의 선물(르완다)', '수마트라의 선물(인도네시아)' 등 다양한 나라에서 생산한 공정무역 커피와 초콜릿, 코코아, 견과류, 파라과이 원당 같은 제품을 출시하여 판매하고 있어요.

아름다운커피는 생산자들이 모인 네팔의 굴미·신두팔촉 협동조합과 페루의 코클라 협동조합, 르완다의 쿠카무 협동조합, 인도네시아의 코코와가요 협동조합 등과 장기적으로 공평하게 거래하면서 생산자들이 자립하고 미래를 설계할 수 있게 돕고 있어요. 커피 가격의 변동이 심한 국제시장에서 생산자를 보호하기 위해 최저 가격을 보장하고 공동체 발전 기금도 지원해요. 그뿐만 아니라 선급금을 최대 60퍼센트까지 미리 지불하여 커피콩을 안정적으로 재배할 수 있도록 지원하고 있어요. 2015년 4월 25일 네팔 대지진으로 커피 생산지가 큰 피해를 입자, 아름다운커피는 모금 운동과 재건 복구 사업을 꾸준히 벌여서 생산자들이 다시 일어설 수 있도록 힘껏 도왔어요.

한편, 건강한 유기농 먹거리를 판매하는 두레생협도 2004년부터 필리핀 네그로스섬에서 생산한 마스코바도 설탕을 수입하여 판매하기 시작했고, 팔레스타인의 올리브유도 수입해서 판매했는데, 이 수익금 중 일부를 기금으로 모아 생산자들을 지원하고 있어요. 여성과 환경 두 가지 주제로 활발히 활동하고 있는 여성환경연대는 2006년 후원의 밤 행사에서 처음으로 공정무역 패션쇼를 열었고, 2007년에는 '페어트레이드 코리아'라는 회사를 설립하여 네팔과 인도 등에서 생산한 옷과 수공예품, 생활용품 등을 판매하고 있어요. 이들은 인도 등에서 유기농 면직물을 수입하여 국내에서 옷을 만들고, '그루'라는 브랜드로 판매해요.

이 외에도 YMCA전국연합은 동티모르 커피를 수입하여 '피스 커피 Peace coffee'라는 이름으로 판매하고 있고, 아시아공정무역네트워크, 어스맨Earth man, 공정무역가게 울림, 얼굴있는거래 등 우리나라에도 다양한 공정무역 회사와 단체들이 활동하고 있어요. 이들은 2012년 설립한 한국공정무역협의회KFTO; Korea Fair Trade Organization에 모여서 공정무역 캠페인과 교육, 제품의 판로 개척, 정책 개발 등 공정무역이 성장할 수 있는 방안을 함께 논의하고 있어요.

인류가 처음 무역을 시작한 시점을 정확하게 알 순 없지만 사냥과 채집을 하던 석기 시대부터 서로 다른 공동체가 각자 살고 있는 지역의 경계선에서 만나 교역을 했을 것으로 추정하고 있어요. 그리스 신화에 나오는 헤르메스Hermes는 두 도시를 나누는 경계선, 국경의 신이자 교역의 신인데, 이를 보면 그 시대 사람들이 국경에서 자주 교역을 했다는 것을 알 수 있어요. 기원전 3,500년에 중동에서는 상인 유민 집단이 있었다는 것을 추정할 수 있는 유물도 발견되었어요. 기원전 2,000년경에 쐐기문

자로 비명을 새긴 점토판도 발견되었는데, 이 점토판에는 소아시아(흑해와 지중해 사이 지역)의 카파도키아에 있던 아시리아 상인 정착촌의 상거래 활동이 자세히 기록되어 있다고 해요.

그 후 초원길과 비단길, 바닷길 등 육로와 배를 이용하여 세계 곳곳에서 무역이 활발하게 이루어졌어요. 우리가 사용하는 물건 중에는 무역을 통해 외국에서 들어온 물건이 참 많아요. 또 원료를 수입해서 우리나라 공장에서 만든 제품들도 있어요. 무역을 통해 우리나라로 들어오는 물건 중 불과 몇 종류라도 거래가 미뤄지거나 중단된다면 우리나라 경제는 혼란에 빠질 수도 있어요. 이처럼 소중하고 거대한 무역 시장에서 생산자와 소비자, 기업 모두가 행복한 공정무역을 하는 세상은 가능할까요? 이를 위해 소비자인 우리가 할 수 있는 일은 과연 무엇일까요?

나만의 공정무역 브랜드를 개발해 볼까요?

2001년 11월 22일 영국 랭커셔주의 5,000명가량이 사는 작은 마을 가스탕Garstang이 세계 최초 공정무역 마을로 선정되었어요. 공정무역 마을 운동은 지역사회에 공정무역의 중요성을 알리고 공정무역 제품의 인지도를 높이기 위해 노력하는 커뮤니티 운동이에요.

학교와 상점, 종교기관, 기업뿐 아니라 지역사회에서 활동하는 사람들이 모여 공정무역의 가치에 공감하고 지지를 보내는 운동이죠. 2000년 4월 가스탕 주민들을 대상으로 공정무역 마을에 대한 찬반투표를 벌였는데 거의 만장일치에 가까운 찬성표가 나왔다고 해요. 2008년에는 영국의 수도인 런던도 공정무역 도시를 선포했어요.

이처럼 영국은 공정무역 운동이 가장 활발하게 벌어지고 있는 국가이고 공정무역에 대한 국민들의 인식도 높아요. 대기업 자본의 횡포, 점점 심각해지는 빈부격차 문제 등을 해결하고 보다 정의로운 사회를 만들기 위한 영국 사람들의 고민이 공정무역에 대한 관심으로 이어져 어느 나라보다 역동적인 운동으로 나타나고 있다고 해요.

1994년 영국에서는 초콜릿, 커피, 홍차만 공정무역 인증제품으로 선정되었는데, 2009년에는 와인, 면화, 화장품, 아이스크림 등 4,500여 종으로 부쩍 늘었어요. 2012년 런던올림픽 조직위원회는 올림픽 기간에 차와 커피, 초콜릿, 바나나를 공정무역 제품으로만 제공하여 올림픽 참가자 약 1,400만 명이 이것을 함께 즐겼어요.

이제 공정무역 마을 운동은 전 세계 34개국 2,208개(2022년 12월 기준)의 공정무역 마을과 도시가 참여하고 있고, 우리나라 서울과 인천, 수원을 포함한 지자체 18곳과 학교와 교회, 어린이집, 호텔, 기업 등 31곳이 함께하고 있어요.

우리나라 공정무역 마을에서도 커피와 초콜릿, 차, 설탕, 바나나, 건망고, 천연재료 직물로 짠 옷, 전통 방식으로 만든 수공예품 등 다양한 공정무역 제품을 만날 수 있어요. 우리가 흔히 먹거나 쉽게 사용하는 것이지만 우리나라에서는 생산되지 않는 품목을 공정무역을 통해 수입하고 있어요. 이는 국내산 제품을 보호할 뿐 아니라 보다 경쟁력 있는 제품을 판매하기 위해서라고 해요.

① 내가 공정무역 회사의 대표라면 어떤 제품을 수입할 것인지 먼저 품목을 정하고, 이 제품에 어울리는 브랜드 이름을 지어보세요. 우리나라에서 생산하지는 않지만 우리나라 사람들이 즐겨 사용하는 물건으로 정해주세요.

_____

_____

_____

② 외국에서 수입한 이 제품을 어떻게 홍보할 것인지, 제품의 장점을 살린 홍보 문구를 작성해 보세요.

_____

_____

_____

9

생산자와 소비자의 가치 활동

친환경 경제

친환경으로 포장된 그린워싱

그린워싱이라는 말을 들어본 적 있나요? 녹색green과 세탁washing을 합친 말인 그린워싱은 기업들이 실제로는 친환경 경영을 하지 않으면서 마치 친환경 제품을 생산한 것처럼 홍보하는 것을 말해요. 우리말로는 위장환경주의라고 해요. 소비자들이 친환경에 대해 많은 관심을 보이자 기업들은 앞다퉈 자신들의 제품에 친환경 이미지를 만들려고 노력하고 있어요. 그중 일부 기업에서는 제품을 생산하는 과정에서 발생하는 환경문제를 감추거나 축소하고 재활용이나 친환경 재료 사용 등 일부 과정만을 부각해서 친환경 제품인 것처럼 홍보해요.

그린워싱이라는 용어는 미국의 한 대학생이 처음 사용했어요. 1986년 당시 대학생이었던 제이 웨스터벨드Jay Westerveld(미국 환경운동가)는 피지섬을 여행하다가 호텔에 붙어 있는 안내문을 발견했어요. '환경 보호를 위해 수건을 재사용합시다'라는 호텔업계의 캠페인에 대한 안내문이었는데, 수건을 여러 번 재사용하는 것이 환경 보호에 도움이 된다고 적혀 있었고 녹색 재활용 마크도 붙어 있었어요.

웨스터벨드는 이 캠페인을 벌이는 호텔이 환경 보호를 위해 노력하는 것 같지만 실제로 호텔 산업은 수건 세탁뿐 아니라 다양한 방식으로 자원을 낭비하고 있고, 투숙객들이 수건을 재사용하면 호텔은 세탁 비용을 줄여서 이익만 얻게 될 거라고 생각했어요. 더구나 그 호텔은 규모를 확장하기 위해 피지섬의 자연을 훼손하고 있었어요.

그 후 웨스터벨드는 실제로는 환경을 살리기 위해 노력하지 않으면서 환경 보호를 하는 것처럼 포장하는 기업에 대해 문제를 제기하는 글을 써서 잡지에 기고했어요. 이때 처음으로 기업이 이미지를 녹색으로 세탁한다는 뜻을 담아 그린워싱이라는 표현을 썼어요.

2007년 캐나다의 친환경 컨설팅 회사인 테라 초이스Terra Choice는 '그린워싱이 저지르는 여섯 가지 죄악들'이라는 보고서를 내면서 그린워싱의 유형을 몇 가지로 정리했어요. 환경 여파를 숨기는 상충 효과 감추기(친환경적인 일부 속성에만 초점을 맞추어 제품이 전체적으로 환경에 미치는 영향을 숨기는 것을 말함), 증거가 불충분한 환경 주장, 광범위한 용어를 사용하는 애매모호한 주장, 무관한 내용을 연결하는 관련성 없는 주장, 유해 상품 정당화, 인증되지 않은 마크를 도용하는 거짓말, 이렇게 여섯 가지로 정했어요. 2010년에는 공인마크로 위장한 허위 라벨 부착까지 추가하여 그린워싱의 대표적인 특성 일곱 가지를 발표하자, 그동안 기업들의 거짓 광고에 실망하거나 분노했던 소비자들이 그린워싱을 주목하기 시작했어요.

국내에서도 그린워싱으로 지목되거나 비판받은 사례는 종종 있었어요. 화장품 용기는 대개 유리나 플라스틱으로 만들지만, 2021년 A 회사는 자사의 세럼 제품이 종이 용기를 사용한 친환경 제품이라고 홍보했어요. 하지만 어느 소비자가 이 용기를 반으로 갈라 보니 종이 용기 안에 플라스틱이 들어 있었다며 SNS에 사진을 올리자 언론과 많은 사람들이 주목했어요. 그러자 A 회사는 화장품 용기 내부에만 플라스틱을 사용했고 겉면에 종이 라벨을 씌워서 기존 화장품 용기 대비 51.8퍼센트의 플라스틱을 절감했다고 말했어요. 또 애초에 플라스틱이 들어 있다는 것을 밝히면서 분리배출법도 안내했다고 해명했어요. 그러나 소비자들은 '종이병'이라는 제품 이름 때문에 100퍼센트 종이로 만든 용기로 혼동하기 쉬웠으며, 이는 전형적인 보여주기식 캠페인이라고 비판했어요.

크릴오일을 판매하는 B 회사는 자사의 제품이 청정지역 남극해에서 국내 최대 선박을 이용하여 크릴을 잡아서 어획부터 가공까지 직접 관리하여 만든 건강 제품이라고 홍보했어요. 크릴krill(난바다곤쟁이)은 새우와 비슷하게 생긴 해양 무척추동물로 세계 곳곳의 바다에서 살고 있는데, 특히 남극 바다의 먹이사슬에서 매우 중요한 역할을 하고 있어요. 펭

권, 물범, 바다표범, 상어, 고래도 크릴을 먹고 사는데 거대한 흰수염고래는 하루에 약 400만 마리나 되는 크릴을 먹는다고 해요.

2021년 B 회사는 남획과 지구온난화로 멸종 위기에 빠진 펭귄을 위해 달리기를 하면 참여자에게 선물을 주고 수익금으로 기부를 진행하는 펭귄런 캠페인을 열었어요. 그러나 애초에 펭귄의 먹이인 크릴을 대규모로 어획하면서 멸종 위기에 처한 펭귄을 위한 캠페인을 여는 것은 전형적인 그린워싱이라고 비판받았어요.

커피와 음료를 판매하는 C 회사는 일회용 컵 사용을 줄이자는 취지로 다회용 컵을 무료로 제공하는 행사를 진행하면서 친환경을 강조했는데, 이 컵은 일반 플라스틱으로 만든 제품이라 친환경과는 거리가 멀다는 비판을 받았어요. 운동화를 판매하는 D 회사는 신제품 운동화를 출시하면서 '최소 5퍼센트 리사이클 소재'라고 홍보했지만 어떤 리사이클 소재를 사용했는지 구체적으로 밝히지 않아서 소비자들이 판단하기가 어렵고 모호하다는 지적을 받았어요.

전기를 생산하는 E 회사는 국내에서는 이산화탄소 배출을 줄이는 탄소중립을 선언했지만 베트남과 인도네시아에 건설 중인 석탄발전소에는 계속 투자했어요. 그러자 세계적인 투자회사들이 E사에 해외 석탄발전소 사업 투자를 중단하라고 요구했고, 이 요구가 받아들여지지 않자 투자금을 모두 회수하는 일이 있었어요. 이 외에도 그린워싱의 사례는 무척 다양해요.

ESG, 기업의 진정성을 담아라!

　소비자들은 점점 현명해지고 환경을 살리는 문제에 대한 관심과 인식도 매우 높아졌어요. 더불어 제품을 만들어 판매하는 기업에 더욱 다양한 요구를 하고 있어요. 기업들은 이런 소비자의 목소리에 귀 기울일 수밖에 없어요. 소비자들은 기업 감시나 불매운동 등을 통해서 적극적으로 목소리를 내고 있으니까요.

　최근 들어 기업에도 새로운 바람이 불고 있어요. 기업들은 앞다투어 ESG 경영을 선포하고 있어요. ESG는 환경Environment, 사회Social, 지배구조Governance를 뜻하는 영어 단어의 첫 글자를 딴 것으로, 2004년 유엔 글로벌 콤팩트 보고서에서 처음 사용했다고 해요. 지금까지 기업들은 막대한 이익을 얻는 만큼 지역사회 봉사, 나눔과 기부, 환경 캠페인 등 사회 공헌 사업을 벌여왔어요. 하지만 이런 일회성 행사나 가벼운 캠페인을 넘어 기업이 사회적 책임을 다해야 한다는 소비자들의 목소리가 높았어요.

최근에 새롭게 등장한 ESG 경영은 기업 활동 전반에서 친환경 방식을 도입하고 사회적 책임과 의무를 다하는 책임 경영을 하며, 기업의 지배구조 개선 등을 통해 투명하고 건전한 경영을 한다는 뜻이에요. 그래야 소비자의 선택을 받으며 다양한 투자도 유치할 수 있고, 사회에 긍정적인 영향을 미치면서 지속 가능한 경영을 할 수 있어요. 한마디로 말하자면 기업의 진정성이 있어야 한다는 의미예요. 여기서 지속 가능한 경영이란 기업이 매출과 이익뿐 아니라 환경, 윤리, 사회문제의 해결도 경영의 중요한 요소로 고려하여 기업의 가치를 꾸준히 높이는 것을 말해요.

유럽연합은 ESG 관련 법안을 차례차례 도입하고 있고, 영국은 2025년까지 모든 기업에 ESG 정보 공시를 의무화하겠다고 발표했어요. 세계 최대 자산운용사에서도 기업의 지속가능성을 투자 결정의 기준으로 삼겠다고 선언했어요. 2021년 12월 우리나라의 산업통상자원부도 K-ESG 가이드라인을 발표했고, 2021년 우리나라 10대 그룹 대부분이 이사회 내에 ESG 위원회를 만들었어요.

한화그룹은 태양광과 풍력 에너지를 비롯한 친환경 에너지 사업을 확대하고 있어요. 한화솔루션은 2050년까지 기업 활동에 필요한 전력 100퍼센트를 재생에너지로 전환하기로 했고, 그린에너지 사업을 확대하고 있어요. 한화그룹에 속한 금융 6개 회사는 탈석탄 금융을 선언했는데, 이산화탄소 발생량이 많은 석탄발전소 건설 사업에는 참여하지 않고 신재생 에너지 등 친환경 사업에 대한 투자로 전환하기로 했어요.

GS그룹도 ESG 경영을 위해 노력하고 있어요. GS칼텍스는 폐플라스틱을 재활용하여 친환경 복합 수지를 생산하고 자동차 내·외장재나 가전제품의 부품 재료로 사용해요. GS건설은 친환경 모듈러 사업 분야에 진출했는데, 이 모듈러 공법은 건설 폐기물과 건설 과정에서 배출되는 가스를 기존 공법의 절반까지 줄일 수 있는 건축 방법이라고 해요.

편의점을 운영하는 GS리테일은 GS25 편의점 지붕에 태양광 패널을 설치하여 에너지를 생산하고, 스마트폰으로 편의점의 전력량을 관리하는 원격 제어 시스템을 도입하여 에너지 효율을 높이고 있어요. 라벨 없는 생수를 판매하고 친환경 생분해 빨대를 사용하는 것은 물론, 도시락 포장 용기 등 상품 포장재와 포장 박스를 친환경 소재로 바꾸고 재활용이 쉬운 상품을 개발했어요. 또 모바일 전단, 전자영수증 권유 등으로 종이 사용을 줄이고 자원순환 캠페인도 진행하고 있어요.

서울에 있는 워커힐호텔은 친환경 호텔 인증을 받았는데, 객실 인테리어와 어메니티amenity(호텔에 비치된 샴푸, 비누, 샤워 타월 같은 구성품), 와인, 조식 등에 동물성 제품을 전혀 사용하지 않은 친환경 비건vegan(채소와 과일 같은 식물성 음식만 먹는 철저한 채식주의자) 전용 객실을 꾸몄어요. 호텔 시설 내에서 폐기물 재활용률도 94퍼센트로 높였어요. 호텔 내 그린

↳ 제주도 GS25 서귀동홍반석점에 설치된 태양광 패널 ⓒGS리테일

↳ 친환경 재료인 종이 포장재로 만든 일회용 어메니티를 사용하는 워커힐호텔. 고체 치약이나 생분해성
플라스틱으로 만든 칫솔 등 친환경 제품을 제공한다. ⓒ워커힐호텔

갤러리에서는 사회문제 해결에 앞장서는 사회적 기업의 제품을 소개하고 있는데, 고객들은 이곳에서 의미 있는 상품을 구매하는 가치 소비를 할 수 있고, 참여 기업이 취약 계층에게 수익금을 기부할 수 있도록 연계하고 있어요.

대기업뿐 아니라 중소기업도 ESG 경영을 실천하거나 준비하고 있어요. 소비자들은 기업의 이런 변화를 반기면서도 잘 실천하고 있는지 예의 주시하고 있어요. 실제로 소비자들이 제품을 구매할 때 기업의 ESG 경영 여부가 제품 선택에 큰 영향을 미친다고 해요. ESG 경영을 선언한 기업은 단순히 선언하는 것에서 그치지 않고 당연히 이행하기 위해 노력해야 해요. 또 ESG 경영은 기업의 미래 가치를 평가하는 중요한 요소로 떠오르고 있고 기업의 생존 전략과도 맞닿아 있어요. ESG 경영은 그린워싱처럼 기업의 이미지 개선을 위한 홍보 방법이거나 한차례 지나가는 유행이 아닌 필수 가치로 자리 잡고 있어요.

재생에너지 100% 시대가 온다

가상화폐의 인기가 높아지면서 이것을 채굴하려는 사람들이 부쩍 늘었어요. 가상화폐를 채굴하려면 고성능 컴퓨터 수십, 수백 대를 24시간 쉬지 않고 작동시켜야 하기 때문에 막대한 전기가 필요하고 많은 열이 방출돼요. 중국 최대 가상화폐 채굴 공장의 1년 전기 요금은 무려 170억 원가량이라고 해요.

2021년 우리나라 산업통상자원부와 가상화폐업계의 자료를 보면 가상화폐 채굴기 한 대가 사용하는 전기 요금이 보통 가정에서 나오는 전기 요금의 4배가량이라고 해요. 보통 채굴기 한 대당 월 전기 요금이 약 17만 원인데, 채굴 성능을 높이기 위한 냉각과 냉방에 필요한 전기 요금까지 포함하면 20만 원가량이라고 해요. 4인 가구의 한 달 전기 요금이 평균 5만 원이라고 하면 정말 4배나 되는 금액이에요. 이런 막대한 에너지 소모와 열 방출은 당연히 기후변화에도 영향을 미치고 있어요.

한편, 기업들도 공장에서 제품을 생산하거나 유통하면서 많은 에너지를 소비하고 이산화탄소를 배출해요. 또 영화 같은 동영상 서비스를 제공하는 기업과 은행, 게임 회사 등은 어마어마한 영상 자료를 저장하기 위해 데이터센터를 운영하면서 막대한 전기를 소비하고 있어요. 메일을 받으면 내 컴퓨터의 어딘가에 자료가 저장된 것처럼 보이지만 실제로는 데이터센터에서 이 데이터들을 모두 저장하고 있어요. 우리가 메일을 주고받거나 읽지 않은 메일을 쌓아두고, 컴퓨터나 스마트폰으로 인터넷 사이트를 가볍게 클릭하기만 해도 데이터센터에서 정보를 처리하면서 막대한 에너지를 소비해요.

일상생활에서 인터넷 사용이 늘어나면서 데이터센터도 많이 필요해졌어요. 전 세계에 축구장 세 개를 합친 면적보다 넓은 초대형 데이터센터가 700개(2021년 기준)나 된다고 해요. 또 우리나라 전기 소비량 중 절반 이상인 약 54퍼센트가 산업계에서 쓰이고 있을 정도로 기업의 전기 소비는 엄청나요.

이렇게 막대한 양의 에너지를 소비하고 있는 기업들은 RE100$^{Renewable\ Electricity\ 100\%}$(재생에너지 100퍼센트) 캠페인을 벌이고 있어요. RE100은 기업이 2050년까지 기업의 사용 전력량 100퍼센트를 풍력, 태양광 같은 재생에너지로 공급하겠다고 자발적으로 선언하는 국제 캠페인이

└→ 미국에 있는 구글(Google)의 데이터센터 ©Google

에요. 이 캠페인에 동참한 기업들은 기업 활동에 필요한 전력을 태양광과 태양열, 풍력, 지열, 바이오매스, 바이오가스, 그린수소를 활용한 연료전지 등 친환경 발전으로 생산한 재생에너지로 전환하기 위해 자발적으로 노력하겠다고 약속했어요.

이 캠페인은 2014년 9월 유엔 기후정상회의에서 전 세계 기후위기 문제를 해결하기 위해 영국의 비영리 단체인 기후그룹The Climate Group과 탄소정보공개 프로젝트CDP; Carbon Disclosure Project가 제안했어요. RE100에 동참하는 기업들은 친환경 방식으로 생산된 전력을 스스로 조달하거나 구매해야 하고, 재생에너지 사용 인증도 받아야 해요. 인증 방법으로는 기업에서 직접 전력을 생산하기, 재생에너지로 생산한 전력에 대한 비용 지불하기, 재생에너지 인증서 구매하기 등이 있어요.

막대한 전기를 소비하면서 쉬지 않고 이산화탄소를 배출하던 글로벌 기업들이 RE100 캠페인에 동참하고 있어요. 애플, 구글, 아마존, 나이키, 마이크로소프트, 인텔 같은 글로벌 기업을 포함하여 전 세계 346개(2022년 기준) 기업이 참여했어요. RE100에 동참한 글로벌 기업들은 자체적인 생산 활동뿐 아니라 제품에 사용되는 부품 또한 재생에너지 100퍼센트를 달성한 외주업체에서 공급받아야 해요. 애플, BMW 등 글로벌 대기업들은 납품업체에도 RE100 참여를 요구하고 있어요. 우리나라 기업들도 수출을 잘하려면 RE100에 동참해야 해요. 그렇지 않으면 RE100에 가입한 해외 기업에 제품을 납품하기가 어려워지기 때문이에요.

기후위기가 지구촌의 문제로 떠오르면서 기업들도 이 위기를 극복하기 위해 다양한 노력을 하고 있고, 덩달아 세계시장도 꿈틀대고 있어요. 지금보다 탄소 배출을 대폭 줄이고 더 나은 세상을 만들기 위해 새롭게 등장할 기발한 아이디어는 또 무엇이 있을까요?

새롭게 등장할 미래의 일자리

세계적으로 확산되고 있는 친환경 움직임에 기업들이 동참하면서 선언에만 그치지 않고 반드시 이행해야 하는 규제도 생겨나고 있어요. 유럽연합은 2026년부터 탄소국경조정제도를 시행하겠다고 발표했어요. 이것은 유럽연합으로 들어오는 수입품 중 유럽연합에서 생산한 제품보다 온실가스 배출이 많은 제품에는 탄소국경세라는 추가 비용을 부과하는 제도예요. 유럽연합에 이어서 미국도 관련 정책을 검토하고 있어요.

수출을 중점적으로 하는 기업은 해외 주요 시장에서 탄소국경세가 도입되면 수출이 매우 어려워질 거예요. 온실가스를 많이 배출하면서 생산한 제품에 세금이 부과되어 가격이 올라가면 수입하는 기업에서는 망설이게 될 테니까요. 그래서 수출 기업은 온실가스 배출을 줄이고 재생에너지로 전환하는 방법을 적극 도입할 수밖에 없어요.

이런 세계적 변화가 기업의 경제활동에 위기나 압박으로만 다가오는 것은 아니에요. 전기 자동차를 생산하는 테슬라는 기후위기 대응체계를 잘 활용하여 성장한 회사예요. 미국의 자동차 회사에는 저탄소 자동차를 생산해야 하는 규제가 있는데, 이 목표를 달성하지 못하면 이를 충족한 다른 자동차 제조 회사에서 탄소배출권을 사야 해요. 테슬라는 저탄소 자동차인 전기 자동차 생산의 목표치를 달성한 후 남은 탄소배출권을 다른 자동차 제조 기업에 판매하는 전략으로 크게 성장했어요. 다른 글로벌 기업보다 앞서서 친환경 사업을 준비한 마이크로소프트사는 2012년에 이미 탄소중립을 달성했고 더 나아가 2030년까지 탄소 흡수량이 탄소 배출량보다 높은 탄소 네거티브를 달성하겠다는 목표를 세웠어요.

이처럼 기후위기 문제가 심각해지면서 세계무역과 기업경영의 흐름도 달라지고 있어요. 이제 사회적 책임을 다하지 않는 기업은 생사가 위태로울 정도로 이에 대응하는 것이 매우 중요한 문제가 되었어요. 기후위기를 극복하기 위한 다양한 정책도 속속 등장하고 있어서, 앞으로 온실가스를 많이 배출하는 기업은 사라지거나 일자리가 전환되는 변화를 겪게 될 거예요. 석유로 달리는 내연기관차는 전기 자동차 같은 친환경 자동차로 바뀌게 될 것이고, 석탄 화력발전소는 순차적으로 줄어들고 태양광 발전 같은 신재생 에너지의 비중이 높아질 거예요.

이 과정에서 사라지는 일자리도 있고 새롭게 생겨나는 일자리도 있어요. 기후위기에 대응하는 과정에서 변화하는 일자리와 사회적·경제적 불평등 문제를 함께 해결하기 위해 '그린뉴딜Green New Deal'이 등장했어요. 1930년대 미국 대공황 당시 루스벨트 대통령이 공공사업에 대규모로 투자하여 실업자와 빈곤층을 돕고 노동자의 권리를 강화하는 뉴딜New Deal 정책을 도입했어요. 그린뉴딜은 이 뉴딜 정책처럼 정부가 대규모로 투자하여 환경문제를 해결할 좋은 일자리를 만드는 정책을 말해요.

그린뉴딜 정책을 도입하면 태양광 기술과 풍력발전 기술, 바이오에너지 기술같이 재생에너지를 설비하는 시설에서 많은 일자리가 생겨날 수 있어요. 이런 시설에는 재생에너지 전력망을 만드는 엔지니어와 프로그래머도 필요하고, 건물의 에너지 효율을 높이는 설계를 하고 건물을 시공하는 사람도 필요해요. 그리고 완공한 건물을 관리하는 사람도 필요해요. 또 그린뉴딜 정책을 시행하면 전기 자동차와 수소 버스 같은 친환경 대중교통 분야에서 일하는 직업도 늘어날 거예요.

환경문제라고 하면 흔히 환경단체가 거리에서 벌이는 환경 캠페인을 먼저 떠올리고, 쓰레기 분리배출과 같은 개인의 실천을 강조하곤 해요. 물론 이런 활동도 매우 소중하지만 우리 사회에 더욱 큰 영향을 미치는 경제활동에서 환경문제를 해결하기 위해 노력해야 하고 우리 사회의 시스템을 바꾸어가는 노력도 더욱 필요해요. 그리고 물건의 생산과 유통, 소비, 폐기에 이르는 경제활동 전반에서 환경을 고려하면서, 기업과 소비자들이 함께 노력해야 현명한 해법을 찾을 수 있어요. 이처럼 환경문제는 경제활동과 연결되어야 일회성이 아닌 지속 가능한 방법으로 해결될 수 있어요.

가치 소비를 하고 있나요?

아웃도어 제품을 만드는 파타고니아는 독특한 회사예요. 파타고니아는 비싸더라도 유기농과 친환경 원단, 공정무역 제품을 사용해서 옷을 만들어요. 소비자들이 불필요한 소비를 하지 않도록 오래 입을 수 있는 옷을 만들기 위해 노력하는데, 이것은 환경오염이나 사회문제를 줄이기 위해서라고 해요. 직원들의 복지를 위해 많은 예산을 지출하고, 해마다 매출의 1퍼센트를 '지구에 내는 세금'이라 여기며 환경을 살리기 위해 노력하는 환경단체에 기부해요. 적자가 난 해에도 기부를 계속했는데, 회사의 이익도 중요하지만 좋은 세상을 만들기 위한 노력도 계속해야 하기 때문이라고 해요.

파타고니아는 엉뚱하게도 '필요하지 않으면 이 재킷을 사지 마세요'라는 신문 광고를 실었어요. 광고에는 재킷을 생산하는 것 자체가 많은 물과 탄소를 배출하면서 환경에 좋지 않은 영향을 미치므로 진정 환경을 생각한다면 되도록 적게 생산하는 게 옳다는 설명도 실었어요. 그래서 필요하지 않으면 재킷을 사지 말아 달라고 홍보했어요.

파타고니아는 옷 고쳐 입기 캠페인과 옷 물려 입기 캠페인도 벌였고, 무료로 옷을 수선해 주는 행사도 열었어요. 이렇게 환경을 생각해서 되도록 적게 사자는 광고가 오히려 더 관심을 받아서 이 회사 제품에 열광하는 소비자들이 늘었어요. 소비자들은 제품에 대한 신뢰를 가지고 파타고니아 제품을 사면서 지구를 생각하고 환경을 생각하는 가치 소비를 하고 있어요.

가치 소비는 소비자가 광고나 브랜드 이미지에 휘둘리기보다는 본인의 가치 판단으로 제품을 합리적으로 구매하는 소비 방식이에요. 자신이 생각하는 중요한 가치와 의미를 가진 제품은 가격이 비싸더라도 과감하게 구매하지만 그렇지 않은 제품은 보다 싸고 실속 있는 제품을 선호해요.

　동물의 보호와 권리에 관심이 높은 소비자는 상품이 만들어지는 과정에서 동물실험이나 학대가 발생하지 않았는지를 꼼꼼히 따지고, 동물성 재료를 사용하지 않은 비건 식품이나 비건 제품을 선호해요. 환경을 생각하는 소비자들은 원료 조달, 생산, 유통, 에너지 소비 등 제품의 생산과 소비까지 모든 과정에서 환경문제를 일으키지 않거나 되도록 적은 영향을 미치는 제품을 선택해요. 이렇게 제품을 생산하는 기업과 구매하는 소비자가 함께 변하면 세상도 더 나은 방향으로 변화하지 않을까요?

(1) 나는 어떤 물건을 사면서 가치 소비를 했는지, 자신의 경험을 발표해 보세요.

_____

_____

_____

(2) 만약 내가 회사를 경영하는 사장이라면 어떤 친환경 제품을 만들어서 소비자들에게 홍보하고 싶나요? 이 회사에서 생산하는 제품의 종류와 특징, 홍보 계획 등을 담은 기업경영 계획서를 작성하여 발표해 보세요.

_____

_____

_____

10

최대한 줄이고 다시 흡수하는 사회

탄소중립 사회

지구온난화는 인류의 축복?

기후변화를 앞서 예견한 아레니우스를 아시나요? 1903년 노벨 화학상을 수상한 스웨덴 출신의 과학자 스반테 아레니우스Svante Arrhenius는 이미 100여 년 전 기후변화에 관한 과학 논문을 썼어요. 이 논문에서 아레니우스는 이산화탄소의 농도가 높아지면 지구 온도도 높아진다고 주장했는데, 점점 따뜻해지는 지구를 온실이라고 표현하면서 처음으로 온실가스라는 용어를 사용했어요. 이것은 온실효과로 인한 지구의 기온 상승을 연구한 최초의 과학 논문이에요.

아레니우스보다 먼저 온실효과의 개념을 발견한 이도 있었어요. 프랑스 수학자이자 물리학자인 장바티스트 푸리에Jean-Baptiste Fourier는 지구를 둘러싼 대기가 온실의 유리 같은 작용을 하여 에너지 일부를 붙잡

아둔다는 온실효과를 최초로 발견했고, 1856년 영국의 물리학자 존 틴들John Tyndall은 이산화탄소 같은 가스가 열을 가둘 수 있다는 것을 실험으로 증명했어요. 그 이후에 태어난 아레니우스는 이런 주장을 상세하게 밝혀서 과학 논문으로 쓴 것이죠.

컴퓨터나 첨단 기술이 없던 시절에 아레니우스는 공책과 연필만으로도 복잡한 계산을 하고 분석하여 이산화탄소의 증가와 지구 온도 상승의 상관관계를 정확하게 예측했어요. 이 작업은 무려 1년이나 걸렸는데, 아레니우스가 스스로 지루한 계산이라고 표현했을 정도로 매우 복잡하고 힘든 과정이었다고 해요.

1896년 스톡홀름 물리학회에 기고한 이 논문의 제목은 '대기 중 이산화탄소 함량이 지구 표면 온도에 미치는 영향'으로, 이 연구는 이산화탄소 농도가 2배 상승하면 지구 온도가 5~6도 올라갈 것이라고 예측했어요. 아레니우스는 슈퍼컴퓨터가 처리할 정도로 매우 복잡한 계산을 직접 한 것인데, 실제로 슈퍼컴퓨터가 계산한 예측치는 5.3도가량이라고 해요. 놀랍게도 수작업만으로 정확히 계산한 것이죠.

그러나 당시 과학자들은 이 주장을 신뢰하지 않았다고 해요. 이산화탄소가 증가해도 지구 표면의 70퍼센트를 차지하는 바다가 흡수할 것이라고 생각했기 때문이에요. 아레니우스가 노벨 화학상을 받은 것도 이 연구가 아니라 전리설이라는 다른 주제의 연구 덕분이었다고 해요. 다만 놀라운 것은 아레니우스 역시 이 논문에서 온실효과를 긍정적으로 전망하고 있다는 점이에요.

지구의 기온이 올라가면 우리 후손들은 더 온화한 날씨와 덜 황량한 환경에서 살 수 있을 거라고 예측했어요. 지구가 더 따뜻해지는 지구온난화 현상이 나타나면 인류의 생활 반경이 더 넓어지고 식량 생산이 늘어나고 먹을거리도 풍부해져서 온실효과는 인류에게 축복이 될 거라고 생각했어요. 아레니우스가 살았던 당시는 지구 평균 기온이 2~3도 낮아져서 매우 혹독한 추위를 겪은 직후였다고 해요. 그래서 온실효과나 온실가스 같은 표현이 포근하고 풍요롭게 느껴졌을 거예요.

아레니우스는 기후변화가 뚜렷하게 나타날 정도로 이산화탄소 농도가 증가하려면 1,000년 이상이 걸릴 것이라고 예측했어요. 또 사람들이 석탄을 연료로 사용하면서 배출한 이산화탄소가 50퍼센트 증가하려면 3,000년이 걸릴 것이라고 추정했어요. 안타깝게도 이런 예측은 빗나가고 말았어요.

18세기 영국에서 산업혁명이 시작된 이후 지구촌에선 석탄과 석유, 천연가스 같은 화석연료 사용량이 급격하게 늘어났어요. 20세기 들어 100년 만에 이산화탄소 농도가 무려 30퍼센트나 증가할 정도로 인간은 아레니우스가 예측한 추정치보다 훨씬 더 많은 화석연료를 사용했어요. 이전에는 땔감으로 요리와 난방을 했지만 이제는 석탄과 석유를 연료로 사용해요. 대규모의 전기 발전이 이루어지고 자동차 수도 점점 늘어났을 뿐 아니라 경제가 급속도로 성장하면서 공장들도 세계 곳곳에 들어섰어요. 덩달아 이산화탄소 배출도 기하급수적으로 늘어나면서 불과 100년 만에 기후가 달라지고 있어요. 100여 년 전에는 인간이 대자연의 흐름을 흔들어 놓는다는 것을 상상하기조차 힘들었을 거예요.

가뭄과 폭염, 산불, 폭우, 홍수, 폭설 같은 기후변화 현상이 심각해지면서 지구촌 곳곳에서 큰 피해가 이어졌고 점점 기후를 예측하기 어려워지고 있어요. 2020년 영국 일간지 가디언은 기후변화라는 말이 현재 상황의 심각성과 위험성을 다 나타내지 못하므로, 경각심을 일깨우기 위해 기후변화climate change란 말 대신 '기후위기climate crisis' 혹은 '기후비상사태climate emergency'라는 용어를 쓰겠다고 했어요.

영국 기상청의 기후학자인 리처드 베츠 교수는 지구온난화Global Warming라는 기존의 용어 대신 '지구 가열Global Heating'이라는 용어를 사용하자고 주장했어요. 온실처럼 온화한 느낌을 주는 지구온난화라는 표현은 지금의 기후위기를 제대로 반영하지 못하고 있으므로, 지구 가열이라는 더 직관적인 말을 써서 온실가스를 배출한 책임이 우리에게 있고 이를 해결하기 위한 행동이 시급하다는 것을 알려야 한다고 했어요.

탄소중립이란 뭘까?

    기후위기를 극복하기 위해서는 가정이나 직장에서 에너지를 절약하려는 개인의 실천도 매우 중요하지만 더 큰 단위의 변화가 절실하다는 목소리가 높아지고 있어요. 수많은 가게와 기업, 물건을 생산하는 공장, 도시의 살림살이를 담당하는 지방자치단체, 정부, 그리고 각 국가 차원에서 기후위기를 극복하기 위한 노력을 함께 해야 해요.

    그러자 탄소중립carbon neutrality을 선포하는 나라들이 늘고 있어요. 탄소중립은 인간의 활동으로 배출되는 온실가스를 최대한 줄이고, 이미 배출된 것을 다시 흡수하여 온실가스의 순 배출량이 0이 되게 하는 것을 말해요. 온실가스를 흡수하는 방법에는 숲과 같은 자연 흡수원을 온실가스 배출량만큼 만들거나 태양광, 풍력 등 화석연료를 대체할 수 있는 재생에너지 사용을 늘리거나, 온실가스 중 가장 큰 비중을 차지하는 이산화탄소의 포집과 저장 기술을 이용하는 것 등이 있어요.

지구 공동의 위협인 기후변화를 진단하고 국제적인 대책을 세우는 국제협의체인 '기후변화에 관한 정부 간 협의체IPCC'는 세계 주요 선진국들에 탄소중립을 권고했어요. 이 권고에 따라 2017년 스웨덴이 처음으로 2045년까지 탄소중립을 하겠다고 선언하면서 법을 만들었어요. 이어서 2019년 영국은 2050년 탄소중립을 선언했고, 유럽연합과 한국, 일본, 미국도 2050년 탄소중립을 선언하여 70여 개국(2022년 기준)이 탄소중립을 선언한 상태예요.

그러나 탄소중립이 말처럼 쉽지는 않아요. 날마다 우리는 전기를 쓰고 냉방 또는 난방을 하면서 이산화탄소를 배출하고 있으니까요. 오늘도 수많은 자동차가 도로를 달리고 있고 수많은 공장에서 물건을 만들면서 이산화탄소를 배출하고 있어요. 대략 30년 후인 2050년 탄소중립 사회를 만들기 위해서는 지금부터 많은 사람의 지혜와 노력이 필요해요. 다행히도 세계 곳곳에서 기발한 아이디어가 속속 등장하고 있어요.

2022년 독일에서는 태양광 버스가 등장했어요. 독일의 한 벤처기업이 만든 이 버스는 지붕에 설치된 태양광 패널에서 전기를 만들어서 연료로 이용해요. 이 버스에는 화석연료를 태우는 내연기관이 없고 버스 자체에서 모터를 돌려 전기도 스스로 생산하고 있어요. 태양이 비추는 곳 어디서든 전기를 생산할 수 있으니 연료비를 대폭 절약할 수 있어요.

이 버스는 기차처럼 버스 두 대를 연결해서 달리는 트레일러형 버스인데, 2022년 4월부터 뮌헨 시내에서 운행을 시작했어요. 버스 지붕에 있는 태양광 패널에서 배터리를 충전하여 버스의 바퀴가 움직이고, 버스 안의 냉난방과 환기 장치, 바퀴의 방향을 제어하는 조향 시스템 등도 태양광 전기로 작동해요. 이 태양광 버스는 석유와 천연가스를 사용하는 기존 버스와 비교했을 때 1년 동안 이산화탄소 6.5톤을 절약할 수 있다고 해요.

네덜란드에서도 태양광으로 직접 동력을 생산하는 태양광 전기 자동차가 등장했어요. 자동차 회사인 라이트이어Lightyear가 개발한 태양광 자동차는 작은 배터리(60킬로와트시 용량)를 가지고 있으며 주행거리는 약 625킬로미터예요. 날씨가 좋을 때는 자동차에 부착된 태양광 패널(5제곱미터)에서 매일 약 70킬로미터를 추가로 주행할 수 있는 에너지를 생산하고, 흐린 날에는 35킬로미터를 주행할 수 있는 전기를 생산해요. 이 차는 에너지를 적게 사용하는 고효율 자동차라는 장점이 있지만, 아직은 가격이 비싸다는 것이 단점이에요.

앞으로는 주유소에 갈 필요 없이 햇빛이 비치는 곳에 주차를 해두면 충전이 되는 편리한 세상이 될 거예요. 국제유가에 따라 오르락내리락하는 주유비를 고민할 필요도 없고 자동차가 내뿜는 배기가스나 미세먼지에 대한 고민도 사라지겠지요. 태양광 자동차를 타고 마음 편하게 달릴 수 있는 세상, 벌써 기대되지 않나요?

└ 에너지 생산과 절전의 중요성을 체험할 수 있는 에너지 캠핑카 ⓒ박경화

프랑스에서는 단거리 비행 노선을 폐지하는 과감한 결정을 내렸어요. 2021년 5월 프랑스 하원은 기차를 타고 2시간 30분 안에 닿을 수 있는 단거리의 경우 국내선 항공 운영을 금지하는 법안을 통과시켰어요. 독일 녹색당은 더 나아가 2035년까지 국내선 항공편을 모두 없애겠다는 계획을 밝혔어요. 오스트리아는 2020년 직선거리로 약 250킬로미터밖에 되지 않는 빈과 잘츠부르크 두 도시 사이의 항공편을 폐지하고 대신 이 노선에 고속철도 직통열차를 늘렸어요. 유럽환경청EEA 자료에 따르면 1킬로미터를 이동할 때 배출되는 탄소량은 비행기가 285그램(88명 탑승 기준)이고, 버스는 68그램, 승용차는 55그램, 기차는 14그램(150명 탑승 기준)이라고 해요. 비행기 탄소 배출량이 기차보다 20배가량이나 많은 것이죠.

비행 노선 폐지뿐 아니라 비행기 연료를 바꾸려는 노력도 하고 있어요. 항공유를 연료로 이용하는 비행기는 고도가 높은 곳에서 이산화탄소를 배출하고 있어서 기후위기에 대한 책임이 매우 커요. 그 대안으로 지속 가능 연료인 SAFSustainable Aviation Fuel를 사용하는 항공사가 점점 늘고 있어요. SAF는 옥수수와 폐식용유같이 식물에서 추출한 바이오연료와 도시 폐기물 가스 등을 원료로 만든 친환경 항공유예요. 일반 항공유보다 2~5배가량 비싸지만 원료 공급부터 소비까지 모든 과정에서 탄소 배출량을 일반 항공유의 최대 80퍼센트까지 줄일 수 있다고 해요.

국제항공운송협회IATA는 2050년까지 항공사들의 탄소 배출량을 0으로 만들기로 합의했어요. 세계적으로도 탄소 배출을 규제하고 있고 항공업계도 탄소중립에 동참하면서 탄소 감축을 위한 노력이 계속되고 있어요.

건물도 탄소중립!

탄소중립 사회를 만들려면 건축물의 에너지 소비를 줄이는 것도 매우 중요해요. 건물의 냉난방 등에 필요한 에너지를 사용하면서 배출하는 온실가스는 전 세계 배출량의 28퍼센트를 차지하고 있어요. 우리나라 역시 건물 부문의 온실가스 배출량이 총배출량의 21퍼센트를 차지하고 있어요. 그렇다면 건물에서 쓰는 에너지의 양을 대폭 줄인 건축물도 가능할까요? 본래 건물이 가진 에너지를 최대한 보존하여 외부 온도의 영향을 되도록 적게 받을 수 있게 지은 집, 패시브 하우스Passive house가 있어요.

이 집은 단열재를 두껍게 넣어서 건물의 에너지가 빠져나가지 않도록 매우 꼼꼼하게 시공되어 여름은 시원하게, 겨울은 따뜻하게 지낼 수 있게 해요. 그리고 벽이나 틈새로 들어오는 바람을 막는 기밀 시공에 신경 쓰고, 열이 쉽게 빠져나가는 틈인 열교를 차단해 낭비되는 에너지를 줄여요. 단열이 잘되는 3중창을 사용한 고성능 창호, 실내 공기를 환기시키는 열회수 환기장치 등도 갖추고 있어요. 이처럼 건물의 단열을 꼼꼼하게 하여 에너지 소비를 줄이는 것을 패시브 기술이라고 해요. 더 나아가 건물이 스스로 에너지를 생산하는 액티브active 기술도 있어요.

지붕이나 벽면, 주차장 등에 태양광 발전기를 설치하여 건물에 필요한 전기를 얻고, 뜨거운 태양열을 이용하여 난방과 급탕 시설에 이용해요. 또 땅속의 지열을 이용하는 건물도 있어요. 땅속은 사계절 내내 일정한 온도를 유지하고 있는데, 여름에는 땅속의 시원한 온도를, 겨울에는 따뜻한 온도를 이용하여 건물의 냉난방에 활용해요. 우리나라에도 패시브 기술과 액티브 기술을 이용하여 지은 건축물이 있어요. 서울월드컵공원에 있는 서울에너지드림센터와 화성시 왕배푸른숲도서관, 인천시 국립환경과학원, 아산시 중앙도서관, 세종시 로렌하우스, 인천시 힐스테이트 레이크 송도 등이 있어요.

미국에서는 탄소중립 호텔이 등장했어요. 미국 코네티컷에 위치하고 있는 '호텔 마르셀 뉴 헤이븐Hotel Marcel New Haven'은 객실 165개와 식당, 연회장을 갖추고 있어요. 이곳은 화석연료를 전혀 사용하지 않고 태양광 같은 재생에너지를 이용해 호텔에 필요한 전기를 생산해요. 1970년대에 이곳은 고무 공장이었는데, 호텔을 지을 때 공장에서 사용하던

└ 패시브하우스 기술로 지은 서울의 노원에너지제로주택 ⓒ박경화

조명과 나무 패널 같은 자재를 다시 이용했어요. 랜선으로 전력을 공급하는 조명 시스템으로 에너지 사용량을 30퍼센트 이상 줄이고, 실내 온도 조절 장치를 적용하여 온도 유지에 사용되는 에너지양도 획기적으로 줄였어요. 호텔을 이용하는 고객이 손쉽게 전기차를 충전할 수 있도록 했고, 호텔 주방에서는 천연가스가 아닌 전기를 사용하여 음식을 만들어요. 이런 방식으로 온실가스 배출량과 흡수량을 같게 만들어 순 배출량을 0으로 만드는 탄소중립 호텔을 운영하고 있어요.

누구나 한 번쯤 이런 상상을 하죠. 여름철 뜨거운 열기를 모아서 겨울에 난방을 하고, 겨울의 냉기를 모아서 여름에 시원하게 냉방을 하면 얼마나 좋을까 하고요. 이런 상상이 정말 실현되었어요. 한국에너지기술연구원은 겨울철 냉기를 땅속에 저장했다가 더운 여름철 냉방에 사용할 수 있는 열 교환 장치를 개발했어요.

이 장치는 열에너지가 온도가 높은 쪽에서 낮은 쪽으로 이동하는 원리를 이용해요. 겨울철 땅속에 물을 가두면 더 차가운 외부로 열을 빼앗겨서 점점 더 차가워지거나 얼게 되는데, 이렇게 얼거나 차가워진 물을 여름에 찬 공기로 바꿔서 쓰는 기술인 거죠. 땅속에 물을 가두어 둔 축냉조에 열전달 효율이 구리보다 200배 높은 냉매 튜브를 연결하여 냉각 효과를 높이고, 보온병 같은 진공 단열 방식의 축냉조에 차가운 물을 보관했다가 송풍 팬을 이용해 냉기를 바깥으로 내보내요.

이 장치는 외부 동력을 이용하지 않고 무동력으로 작동하기 때문에 에너지 소비를 50퍼센트 이상 줄일 수 있다고 해요. 한국에너지기술연구원은 이 기술을 이용해 겨울의 냉기를 모아 유리온실(100평 규모)에서 딸기를 재배하는 데 성공했어요. 앞으로 채소나 과일을 키우는 하우스에서 이 기술을 이용하면 더운 여름철에 에너지를 적게 소비하면서 시원한 냉방 효과를 볼 수 있을 것이라고 해요.

이 기술을 더욱 발전시켜 가정집이나 사무실에서 활용할 수 있다면 어떨까요? 건물마다 저장장치를 갖추어서 겨울철 냉기를 모아 여름을 시원하게 나고, 여름철 열기로 겨울을 따뜻하게 지내는 거죠. 냉난방비 걱정 없는 상상, 과연 현실이 될 수 있을까요?

탄소 없는 마을로 바꿔라!

태양과 바람, 가축 배설물 등으로 재생에너지를 생산하면서 에너지 자립을 이룬 마을도 등장했어요. 독일 펠트하임은 35가구 130여 명이 농업과 축산업을 하면서 사는 농촌 마을이에요. 이곳은 에너지 자립 100퍼센트를 이루어낸 마을로 유명해요.

이 마을에서는 바람이 불면 풍력발전기가 열심히 돌아가며 에너지를 만들어요. 이 풍력발전기를 마을에 처음 세운 사람은 1995년 당시 대학생이었던 미카엘 라슈만 씨인데, 그는 시 정부에 제안하여 펠트하임 마을에 풍력발전기 4기(0.4메가와트)를 세우고 주민들에게 다섯 번째 풍력발전기를 함께 세우자고 제안했어요.

그때 주민들은 회의적이었지만 라슈만 씨는 재생에너지 기업을 만

└ 독일의 친환경 농촌 마을 '펠트하임' ©energiequelle

탄소중립 사회

들고 주민들을 열심히 설득하면서 함께 사업을 계속 추진했어요. 그 결과 지금은 풍력발전기가 55기(2~3메가와트)로 늘어났어요. 풍력발전기는 연간 2억 5,000만 킬로와트시의 전력을 생산하지만 이 중 마을에서 소비하는 양은 100만 킬로와트시이고, 나머지(99.6퍼센트)는 인근 대도시인 베를린과 포츠담에 판매하고 있어요.

이 마을은 풍력뿐 아니라 가축 배설물도 에너지원으로 이용해요. 바이오가스 공장을 설립하여 가축 배설물에서 나오는 가스를 난방열로 활용해요. 마을에서 키우는 소와 돼지의 배설물, 통밀과 옥수수 같은 잡곡 등이 바이오가스의 원료예요. 주민들은 가축을 키우며 농사를 짓고 난방열도 얻고, 남는 찌꺼기는 친환경 비료로 써요.

마을에서 12킬로미터 떨어져 있는 공터에는 태양광 발전 단지인 솔라파크를 만들었는데, 축구장 63개 넓이(45만 제곱미터)에 만 개 가까운 태양광 패널을 설치했어요. 이 패널은 태양을 따라 방향을 바꾸는 추적식으로 전기를 생산하기 때문에 전력 생산량이 더 높다고 해요. 이곳에서 생산하는 전기(연간 약 280만 킬로와트시)는 모두 외부에 판매하여 수익을 얻고 있어요.

라슈만 씨가 설립한 회사는 전기 판매 수익을 마을에 환원했고, 이 기금으로 주민들이 함께 이용하는 편의시설을 짓고 가로등 개선 사업도 진행했어요. 전기 요금도 다른 지역의 반값으로 공급해요. 몇몇 주민들은 이 회사에서 태양광 설비를 점검하는 일을 하면서 새로운 일자리를 얻기도 했어요. 이런 성과는 기업의 제안과 주민들의 동의와 참여, 그리고 시 정부의 지원이 서로 잘 협력했기에 가능했다고 해요. 덕분에 펠트하임은 에너지 자립과 소득 창출, 새로운 일자리 창출까지 일석삼조의 성과를 이룬 마을이 되었어요.

덴마크에 있는 삼쇠섬은 탄소 없는 마을로 유명해요. 이곳은 인구 4,000명이 되지 않는 한적한 섬이에요. 1997년 덴마크 정부는 이 섬을 재생에너지 섬으로 지정하여 탄소 없는 마을로 만들기 위한 다양한 노력을 기울였어요. 그 후 10년 만에 섬에서 필요한 전력을 풍력발전으로 100퍼센트 공급받고, 난방 에너지의 70퍼센트는 태양열과 바이오매스 연료로 충당하게 되었어요.

삼쇠섬에는 풍력발전기 21기가 전기를 생산하고 있는데, 섬 전체에 필요한 전기를 공급하고도 남을 만큼 많이 생산해요. 일부 교통수단이나 특수한 건물에서는 어쩔 수 없이 화석연료를 사용하는데, 이 소비량을 상쇄하고도 남을 정도예요. 섬에 있는 해상과 육상 풍력발전기 90퍼센트는 주민들이 소유권을 가지고 직접 운영하고, 남은 전기를 판매하여 얻은 수익도 주민들에게 돌아가요.

섬 주민들은 그전에 사용하던 석유 개별난방을 포기하고 지역난방으로 바꾸었고, 집을 꼼꼼하게 단열하여 에너지 낭비를 줄이는 등 탄소 배출량을 줄이기 위한 행동에 적극 동참했어요. 또 자신의 집에 설치된 재생에너지 시설을 스스로 정비할 수 있는 전문가가 되었어요. 이런 변

↳ 통영 연대도에 설치한 태양광발전소 ⓒ박경화

↳ 영국의 주택에 설치한 태양광 패널 ⓒ박경화

↳ 집집마다 태양광 패널을 설치한 서울 청량리동의 아파트 ⓒ박경화

화와 노력이 알려지면서 삼쇠섬이 유명해지자 많은 사람들이 찾아왔어요. 이 방문객들을 체계적으로 견학시키고 교육하기 위해 교육기관(삼쇠 에너지 아카데미)을 만들어 재생에너지의 중요성을 알리는 역할도 하고 있어요.

삼쇠섬의 목표는 2030년까지 화석연료 소비량을 0으로 만드는 것이에요. 기술적인 문제로 여전히 석유를 이용하는 일부 시설과 화석연료를 쓰는 교통수단도 모두 재생에너지를 사용할 수 있게 바꾸기로 했어요. 덴마크 본토와 섬을 이어주는 배의 연료도 바이오매스 100퍼센트로 바꿀 계획이에요.

이 밖에도 바이오매스 발전소로 에너지 100퍼센트를 자급자족하는 오스트리아의 귀싱, 친환경 주택단지를 만들어 자체 생산한 에너지만으로 생활할 수 있게 설계한 영국 런던 남쪽의 베드제드, 마을 주민들이 적극 나서서 에너지 절약을 위해 다양한 실험을 하는 서울 동작구 상도2동 성대골 에너지 자립마을 등 에너지 자립을 위해 노력하는 마을이 속속 등장하고 있어요. 개인과 가정의 노력도 중요하지만 이렇게 마을이 함께 변하면 더 놀라운 결과를 만들 수 있어요.

2050년에
우리는 어떻게 살고 있을까?

2050년 탄소중립 사회를 만들려면 체계적인 준비와 노력이 필요해요. 개인의 노력뿐 아니라 가정과 마을을 넘어 거대한 도시가 변하고, 국가가 함께 노력하면 더욱 큰 변화를 이끌어낼 수 있어요. 우리나라도 국가 차원에서 탄소중립 사회를 위한 노력을 하고 있어요.

우리나라는 세계 흐름에 따라 2020년 10월 탄소중립을 선언했고, 2050년 탄소중립 목표를 세우고 이행하기 위해 2021년 9월 전 세계 14번째로 탄소중립 목표와 이행을 담은 탄소중립기본법을 만들었어요. 국민들이 함께 탄소중립을 실현할 수 있도록 법률로 정한 것이죠. 그리고 2050년이 되기 전 중간 목표로 2030년 온실가스 배출량을 2018년 기준 대비 40퍼센트 이상 줄이는 계획도 세웠어요.

탄소중립기본법에 따라 설치된 2050 탄소중립녹색성장위원회가 온실가스 국가 감축 목표를 점검하는 등 탄소중립 정책을 총괄하고, 정부 모든 부처에서 탄소중립 정책을 집행하고 있어요. 지방자치단체도 각 지역에 맞는 탄소중립 정책을 추진하고, 공공기관과 환경단체 등에서는 시민들이 탄소중립을 잘 이해하고 실천할 수 있도록 교육과 홍보를 하고 있어요. 기업들은 신재생 에너지 사업과 투자, 친환경 기술 개발 등을 통해서 탄소중립 사회를 준비하고 있어요.

가정이나 회사, 학교, 단체 등에서는 에너지 절약과 대중교통 이용, 쓰레기 줄이기 등 친환경 실천을 열심히 하고, 탄소중립 실천 포인트 제도를 이용하면 인센티브도 받을 수 있어요. 이렇게 각계각층의 다양한 활동과 노력이 모이고 모이면 탄소중립 사회를 보다 빨리 앞당길 수 있어요.

2050년 기후위기를 극복한 지구촌은 어떤 모습일까요? 2050년에 우리는 어떤 모습으로 살고 있을까요? 과연 우리는 기후위기 걱정 없이, 환경문제에 대한 두려움 없이 편안하게 살고 있을까요? 탄소중립 사회는 가만히 기다린다고 저절로 이루어지지 않아요. 지금부터 탄소중립 사회를 상상하고 세심한 준비를 해야 새로운 시대를 맞이할 수 있어요. 탄소중립 사회를 위해 나와 우리는 어떤 공동의 노력을 해야 할까요?

┗ 창원의 친환경 수소전기버스 ⓒ박경화

상큼한 오렌지 전기를 개발해 볼까요?

　스페인 남부 세비야Seville 지역은 오렌지 열매를 이용하여 전기를 생산하고 있어요. 이 지역에는 오렌지 나무가 1,000년 전부터 자라고 있는데, 지금은 4만 8,000여 그루가 열매를 맺고 있어요. 하지만 지역 사람들은 이 열매를 따거나 먹으려고 하지 않아요. 오렌지 열매가 너무 시고 쓴맛이 나기 때문이에요. 오렌지 열매는 설탕에 재워서 잼과 비슷한 마멀레이드로 만들어 수출하거나 일부는 매립지로 보내요. 그냥 땅에 떨어져 사람이 밟거나 자동차 바퀴에 뭉개지는 것도 많다고 해요.

　이 쓸모없던 오렌지를 활용해 놀랍게도 청정에너지를 생산할 수 있다고 해요. 산소가 없는 곳에 오렌지를 두고 미생물을 배양하면 열매가 분해되면서 메탄가스가 나오는데, 이 메탄가스로 전기를 생산하는 거예요. 세비야 지역의 수도 사업자는 오렌지 35톤으로 에너지를 생산해 정수장에 이용하고 있어요.

　세비야시 당국은 가정에 오렌지 전력을 공급할 계획을 세웠어요. 오렌지 1톤으로 50킬로와트의 전력을 만들 수 있는데, 이것은 하루에 다섯 가구가 쓸 수 있는 전력이에요. 세비야 지역의 오렌지를 모두 모아서 전력을 만든다면 무려 7만 3,000가구에 필요한 전기를 공급할 수 있다고 해요. 또 에너지를 생산할 수 없는 부분은 퇴비로 만들어서 이용하고, 오렌지를 수확하는 데 필요한 일자리 200개도 만들 수 있어서 이래저래 좋은 방법이에요. 친환경 에너지인 오렌지 에너지를 저장해서 나눠 쓰면 에너지 자급률도 높일 수 있어요.

　과연 이 상큼한 오렌지 발전은 성공할 수 있을까요? 어쩌면 오렌지가 아닌 다른 과일에서도 전기를 만들어낼 수 있지 않을까요? 우리 주변에 먹지 않고 버려지는 과일을 찾아볼까요? 과일뿐 아니라 다른 식물도 에너지원이 될 수 있어요.

우리가 사용하는 석탄과 석유, 천연가스 같은 화석연료는 대부분 외국에서 수입하고 있어요. 만약 수입이 중단된다면 우리나라는 큰 혼란과 불편을 겪게 될 거예요. 이런 문제를 해결하기 위해 일상에서 쉽게 구할 수 있는 새로운 에너지원을 찾아보세요. 지금까지 개발된 적 없지만 이산화탄소를 배출하지 않는 기발한 에너지는 무엇이 있을까요?

① 위의 글을 읽고 자신의 생각을 말해보세요. 지금까지 개발한 적 없는 원료 중에서 안전하고 고갈 걱정도 없는 깨끗한 에너지원을 찾아보세요. 그리고 어떤 원리로 에너지를 생산할 수 있는지 상상하여 설명해 보세요.

_____

_____

_____

② 2050년 나는 몇 살이고 어떤 직업을 가지고 있을까요? 30년 후 탄소 중립 사회에서 건축과 교통, 에너지, 재활용 등 환경 분야는 어떻게 바뀌어 있고, 나는 어떻게 생활하고 있을지 상상해 보세요.

_____

_____

_____

미니멀 라이프

포장지 없는 가게

물건 재활용

도시 재생

생태 도시

생태 여행

도시 광산

공정 무역

친환경 경제

탄소중립 사회